Original illisible

NF Z 43-120-10

Symbole applicable
pour tout, ou partie
des documents microfilmés

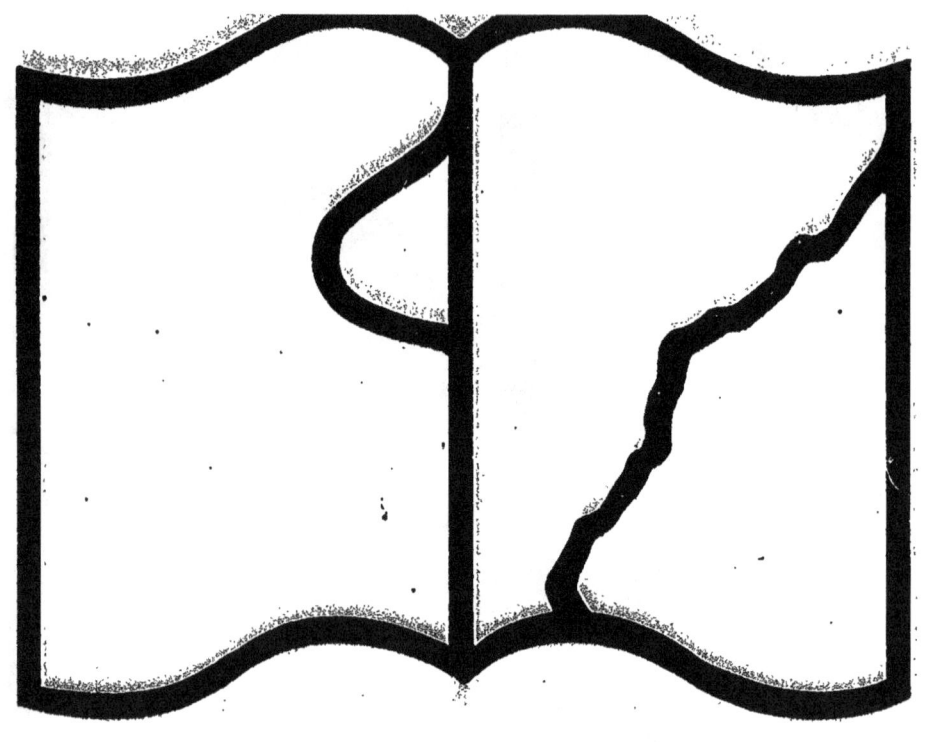

Texte détérioré — reliure défectueuse

NF Z 43-120-11

**Symbole applicable
pour tout, ou partie
des documents microfilmés**

CAUSERIES SPIRITES

OU

DIALOGUES

SUR LES

___ QUE LE SPIRITISME SOULÈVE ET ÉCLAIRE

DANS LE PASSÉ, LE PRÉSENT ET L'AVENIR

DE L'HUMANITÉ

PAR

LOUISE JEANNE

TOULOUSE

IMPRIMERIE DURAND, FILLOUS ET LAGARDE

44 — RUE SAINT-ROME — 44

1885

CAUSERIES SPIRITES

CAUSERIES SPIRITES

OU

DIALOGUES

SUR LES

QUESTIONS QUE LE SPIRITISME SOULÈVE ET ÉCLAIRE

DANS LE PASSÉ, LE PRÉSENT ET L'AVENIR

DE L'HUMANITÉ

PAR

LOUISE JEANNE

TOULOUSE

IMPRIMERIE DURAND, FILLOUS ET LAGARDE

44 — RUE SAINT-ROME — 44

1885

PRÉFACE

> Chacun est sa parque à soi-même et se file son avenir.
> JOUBERT.

Le nombre chaque jour croissant des personnes avides de s'éclairer sur les questions qui touchent à l'avenir de l'âme, sur les manifestations, de plus en plus fréquentes, des habitants de l'espace, faisait depuis longtemps sentir le besoin d'un abrégé de la doctrine spirite. Je me suis donc occupée de ce travail et lui ai donné la forme d'un entretien familier, par demandes et par réponses, afin que chaque pensée, plus brièvement exprimée, eût, par cela même, plus de relief et se gravât plus facilement dans l'esprit.

La réunion de plusieurs volumes dans un

cadre restreint ne m'a point permis de suivre exactement le plan d'Allan Kardec ; mais je m'en suis rapprochée autant que possible afin de faciliter au lecteur le moyen de recourir, pour plus amples explications, aux livres du maître. J'ai tâché, par de fréquentes lectures, de me pénétrer de sa méthode, et de faire passer dans mon œuvre tout ce que la sienne présente d'essentiel.

Malgré la marche rapide que réclame un abrégé, il m'a semblé opportun de traiter d'une manière plus explicite certaines questions que les spirites avancés étaient seuls en état de comprendre. J'ai cru également nécessaire de développer divers points que l'enseignement progressif des Esprits éclaire chaque jour d'une plus vive lumière.

C'est pour la répandre avec quelque fruit que j'ai fait taire mes scrupules, dominé mes craintes, vaincu mes hésitations, et abordé ce travail hérissé de difficultés de tout genre. J'en serai largement récompensée, si la classe, de plus en plus nombreuse, de ceux à qui un labeur incessant laisse peu de loisirs, y trouve un résumé suffisant de la révélation nouvelle ; si elle y puise surtout ces sentiments de foi, d'éspérance et d'amour qui devraient pénétrer tous les cœurs, vivifier toutes les intelligences.

Ce travail était fait depuis dix ans ; je n'y ai presque rien changé ou ajouté. Tout ce que je disais alors des trois règnes et de la transformation des êtres est littéralement conservé. Plus tard, la science, dans sa marche ascendante et progressive, est venue faire la lumière sur ces questions, dont la solution pouvait paraître, à cette époque, ou hypothétique ou prématurée. Je me suis dont bornée uniquement à modifier quelques chapitres sur lesquels le spiristime laissait encore du vague, quand je les écrivais. L'étude et l'observation des faits m'ont aidée à les rendre plus clairs. En attendant, mes soins et mon temps ont été consacrés à d'autres œuvres que j'ai cru devoir publier avant celle-ci. Libre maintenant de toute autre préoccupation, je me suis décidée à livrer ces entretiens à l'impression. Convaincue qu'ils peuvent être utiles, je les offre aujourd'hui avec conflance à ceux qui, pressés par le temps et le désir de connaître la doctrine, s'estimeront peut-être heureux de trouver dans quelques pages un exposé rapide, complet de ses principes et de leurs conséquences (1).

(1) Extraits de la Vulgate, les textes nombreux, cités dans cet ouvrage, ont principalement pour but de démontrer la connexité qui existe entre l'Ecriture Sainte et la Doctrine spirite.

PREMIÈRE PARTIE

DIEU. — RAPPORTS DE L'HOMME AVEC DIEU. — LOIS PHYSIQUES.

CHAPITRE PREMIER

Dieu et ses attributs, moyens de le connaître. — Devoirs de l'homme envers Dieu. — Révélation. — Prophètes. — Doctrine spirite. — But des manifestations. — Unité de la doctrine. — La foi.

Dieu.

D. Qu'est-ce que Dieu ?

R. Dieu est un Esprit infini, créateur de tous les êtres et de toutes choses, foyer d'intelligence et d'amour, parfait dans ses attributs qui sont : la toute-puissance, la toute science, la souveraine justice, la suprême bonté, l'absolue vérité. Immuable en ses lois, immuable lui-même, il embrasse le passé dans ses profondeurs, l'avenir dans les éternités.

D. Quelle est la preuve de l'existence de Dieu ?

R. L'harmonie de la création.

D. Peut-on connaître Dieu ?

R. Ce bonheur n'appartient qu'aux purs Esprits.

D. *Qu'est-ce qui prouve que Dieu est parfait?*

R. L'excellence de ses œuvres (1).

D. *Comment peut-on apprendre à le connaître?*

R. En étudiant le splendide livre de la nature où se révèlent la sublimité de son génie et la sagesse de ses lois.

D. *Tous les hommes sont-ils aptes à cette étude?*

R. Tous peuvent reconnaître dans l'œuvre l'ouvrier; mais ceux-là seulement qui appliqueront les forces de leur intelligence à la méditation de cette œuvre sentiront s'élever dans leur âme un hymne d'admiration, de reconnaissance et d'amour.

D. *Qu'entend-on par ces mots : Dieu est Esprit?*

R. Qu'il est immatériel et ne peut tomber sous nos sens.

D. *Peut-il connaître tout ce qui se passe?*

R. Oui, puisque dans l'infini rien n'échappe à la pénétration de son regard.

D. *Dieu n'est-il pas trop grand, trop au-dessus de nous pour scruter nos pensées et tenir compte de nos actes?*

R. Non : c'est justement par un effet de sa grandeur qu'il embrasse l'univers entier et qu'il est en rapport incessant avec toutes ses créations.

---

(1) Si Dieu ne possédait toutes les perfections d'une manière absolue, on pourrait supposer l'existence d'un Être plus parfait. En ce cas ce dernier serait Dieu lui-même. Dieu ne peut donc être qu'absolument parfait.

D. La justice de Dieu peut-elle être démontrée ?

R. Elle est aussi évidente que son existence même. Observons attentivement, à l'aide de la doctrine des Esprits, les moyens incessants de salut qu'il donne à tous ses enfants, et nous verrons sa bonté se révéler, s'affirmer jusques dans sa justice.

Devoirs de l'homme envers Dieu.

D. Quels sont les devoirs de la créature à l'égard du Créateur ?

R. Elle doit l'aimer par-dessus tout, le bénir, le remercier de l'avoir créé pour le bonheur, le glorifier dans ses merveilles, l'implorer comme le dispensateur de tous biens, et avoir en lui la confiance d'un enfant pour le plus tendre et le meilleur des pères.

D. Dans quelle religion doit-on rendre à Dieu le culte qui lui est dû, ou pour mieux dire, entre toutes les religions quelle est la meilleure (1) ?

R. Celle qui est le moins en opposition avec les attributs divins. Toute croyance qui s'en écarterait tomberait par cela même que notre raison ne saurait admettre la plus légère imperfection dans l'Être suprême.

Révélation.

D. Que doit-on entendre par ce mot : révélation ?

R. Dans son acception vulgaire il se dit de toute

---

(1) Il n'y a point de distinction entre le Juif et le Grec, parce qu'ils ont tous un même Seigneur qui est riche pour tous ceux qui l'invoquent. (Aux Romains, X, 12.)

chose ignorée, produite au grand jour, et qui met sur la voie d'une idée nouvelle.

D. Que signifie ce mot au point de vue religieux ?

R. Il signifie science, connaissance des choses spirituelles que l'homme ne peut savoir sans l'intervention divine.

D. Considérée sous ce point de vue, est-il nécessaire de croire à la révélation pour s'élever vers Dieu ?

R. Non, mais celui qui y croit arrive à de splendides clartés, si d'une main ferme il sait écarter le voile qui les cache.

D. Quel doit-être le caractère de la révélation ?

R. La vérité : sans la vérité point de révélation.

D. La vérité nous sera-t-elle un jour présentée d'une manière plus complète ?

R. Chaque jour nous en découvrons une parcelle ; mais pour comprendre certaines choses il nous faut des facultés que nous ne possédons pas encore (1).

D. Pourquoi Dieu ne nous donne-t-il pas ces facultés et laisse-t-il passer des générations dans des croyances si opposées à la vérité ?

R. Parce que les lois divines, ne s'accomplissant que lentement, exigent que la créature travaille d'une manière continue, progressive pour atteindre à la vérité absolue, complétée ainsi pièce à pièce.

---

(1) Les intelligences en acquérant de nouvelles lumières iront au-devant de nouvelles vérités.

D. Mais, lorsqu'elle nous arrive par voie de révélation, l'intervention divine s'exerce-t-elle directement du Créateur à la créature?

R. Seuls, les Esprits supérieurs incarnés reçoivent, pour les hautes missions, la parole de Dieu d'une manière directe; mais dans un ordre moins élevé, en tout temps, en tous lieux, selon les besoins des peuples et leur degré d'avancement, Dieu n'a cessé, par les habitants de l'espace, ses invisibles messagers, de leur manifester sa volonté, sa sollicitude et son amour (1).

Prophètes.

D. Comment les Esprits se manifestaient-ils aux hommes?

R. Par la voie des prophètes.

D. Qu'étaient les prophètes?

R. Des hommes désignés par des noms divers, selon les croyances, et parlant au nom de Dieu sous l'influence des Esprits. Ils sont appelés aujourd'hui médiums.

D. Que doit-on entendre par faux prophète?

R. C'est celui qui, se disant saintement inspiré, égare les hommes qu'il prétend avoir mission d'instruire. C'est encore tout Esprit menteur qui se communique, tout médium qui lui sert d'agent.

(1) Bon nombre de vérités ont été enseignées dans les religions les plus anciennes, mais altérées, défigurées en passant à travers les siècles, à peine ont-elles conservé l'empreinte divine de la révélation.

D. Quel est le caractère du vrai prophète?

R. Le vrai prophète est l'homme de bien assisté des bons Esprits.

D. Moïse, Jésus étaient-ils prophètes?

R. Oui, de grands prophètes (1); mais Jésus, descendu des sphères divines, interprète direct de Dieu même, a été le plus grand, le plus puissant des prophètes, le plus sublime et le plus pur des révélateurs qui aient paru sur la terre.

D. Par cela même qu'on admet la croyance à la révélation, aux prophètes, aux Esprits et à leurs relations avec les hommes, n'est-on pas autorisé à croire au surnaturel?

R. Nullement : ces relations, considérées jusqu'ici comme surnaturelles, n'étaient et ne sont que le résultat d'une loi dont le spiritisme donne la clé.

Doctrine spirite.

D. Qu'est-ce que le spiritisme?

R. C'est la correspondance des âmes entre elles. Ses enseignements ont donné naissance à une doctrine qui a groupé et vulgarisé des vérités entrevues depuis longtemps par des intelligences d'élite.

---

(1) Saint Etienne en a donné l'affirmation, devant ses juges, par les paroles suivantes : C'est ce Moïse qui a dit aux enfants d'Israël : « Le Seigneur votre Dieu vous suscitera d'entre vos frères un *prophète comme moi* ; écoutez-le.» (Act. VII, 37. — Voir aussi *Deut.* XVIII, 18 et 19.)

D. *Que nous apprend cette doctrine?*

R. D'où nous venons, où nous allons et pourquoi nous souffrons en ce monde. Elle nous initie à la vie future au moyen des rapports qui existent entre ceux qui ont quitté la terre et ceux qui y sont encore.

D. *Comment s'établissent ces rapports?*

R. Un être invisible ou Esprit se met en communication avec une personne douée d'une organisation particulière, qui la rend apte à recevoir sa pensée.

D. *Par quel mode de communication la reçoit-elle?*

R. Par la vision, l'audition ou bien par une impulsion imprimée à la main. Il est d'autres modes qui seront mentionnés plus tard.

D. *Pourquoi dit-on que le spiritisme vient ressusciter la superstition et le merveilleux?*

R. Ceux qui le disent l'ont peu ou ne l'ont point étudié. Ils s'obstinent à le repousser, bien qu'il rende compréhensibles une foule de phénomènes réputés merveilleux.

D. *Que peut présenter de nouveau le spiritisme?*

R. Absolument rien : il est vieux comme le monde; mais ce qui est nouveau, c'est la connaissance des principes sur lesquels il repose.

D. *Qu'est-ce qui prouve que le spiritisme est vieux comme le monde?*

R. Le fait bien établi des communications entre

les habitants de l'espace et ceux de la terre depuis que celle-ci est habitée (1).

But des manifestations.

D. Quel est le but principal des manifestations spirites, si fréquentes de nos jours ?

R. C'est de prouver l'immortalité de l'âme, son individualité après la mort et d'asseoir la vérité sur des bases inébranlables.

D. Comment les Esprits peuvent-ils obtenir ces résultats ?

R. En développant la parole évangélique, comme le Christ est venu lui-même développer, compléter la loi de Moïse ; en rendant leur vrai sens à maints passages des Saintes Écritures, obscurs ou mal traduits ou mal interprétés, et en en signalant qui étaient restés inaperçus. Ils viennent enfin expliquer des mystères que les hommes du temps de Jésus n'étaient pas en état de comprendre (2).

(1) De tout temps il y a eu des modes plus ou moins bizarres pour communiquer avec les Esprits; seulement autrefois on fesait mystère de ces procédés comme on fesait mystère de la chimie. Aujourd'hui, *grâce à la liberté des cultes* et à la publicité universelle, ce qui était un secret est devenu une formule populaire. Peut-être aussi, par cette divulgation, Dieu veut-il que l'homme n'oublie pas qu'il y a deux mondes inclus l'un dans l'autre : le monde des corps et le monde des Esprits. (*Lettre de Lacordaire à M*^{me} *Swetchine.*)

(2) « J'ai encore beaucoup de choses à vous dire ; mais vous ne pouvez les porter présentement. » (Év. de saint Jean XVI, 12.)

D. Serait-ce la réalisation des promesses que fit le Sauveur à ses disciples en leur disant : « Je prierai mon père et il vous donnera un autre consolateur ? »

R. Oui, le consolateur, l'Esprit de vérité annoncé depuis dix-huit siècles (1). Ce sont les purs Esprits, unis dans une même pensée, un même sentiment, qui travaillent aujourd'hui à faire surgir des ténèbres le divin flambeau.

D. Mais l'Esprit de vérité ou le Saint-Esprit n'est-il pas descendu sur les apôtres quelques jours après que Jésus a quitté la terre ?

R. Des Esprits élevés sont venus fortifier leur foi et développer en eux les facultés qui devaient confirmer leur doctrine ; mais les écrits qu'ils ont laissés n'enseignent rien que Jésus ne leur ait enseigné lui-même (2).

D. Les Esprits viennent-ils agrandir le domaine de la science ?

R. S'ils n'ont pas cette mission directe, ils aident le penseur, le savant dans ses recherches ; ils in-

---

(1) L'Esprit de vérité que le monde ne peut recevoir, parce qu'il *ne le voit point* et qu'il ne le connaît point. (Saint Jean XIV, 17.)

C'est ainsi qu'il leur promit encore de les faire juges des douze tribus d'Israël, lorsqu'au temps de la *régénération*, le Fils de l'Homme sera assis sur le trône de sa gloire. (Saint Mathieu XIX, 28.)

(2) « Je vais vous envoyer le don de mon père qui vous a été promis ; mais demeurez dans la ville jusqu'à ce que vous soyez *revêtus de la force d'en haut*. » (Saint Luc XXIV, 40.)

vitent surtout à étudier l'élément spirituel qui peut donner de si vives lumières.

D. Pourquoi chercher à connaître ce que Dieu semble cacher aux hommes. N'est-ce pas s'exposer à s'égarer (1)?

R. Dieu cache uniquement ce que l'intelligence ne saurait comprendre, et celui qui erre en cherchant, lui est plus agréable que celui qui ne fait aucun effort pour arriver à la vérité.

D. Que doit-on penser de l'opinion des gens qui prétendent qu'il faut une discipline, une autorité religieuse pour aller à Dieu?

R. Ceux-là ne comprennent point la dignité de l'homme. L'homme doit rester libre et n'écouter que la voix de la conscience.

D. Puisque les Esprits viennent nous éclairer sur l'Evangile, pourquoi se plaît-on à dire que leurs manifestations sont l'œuvre du démon (2)?

R. Pour mettre obstacle à la vulgarisation d'une doctrine qui doit donner à tous les hommes mêmes droits, mêmes devoirs, même récompense après l'épreuve.

---

(1) Cette crainte n'est qu'un prétexte pour favoriser l'ignorance et la paresse. Pourtant Jésus à dit : « Cherchez et vous trouverez ; il n'y a rien de caché qui ne doive être découvert ; et Salomon : « L'instruction est amère à celui qui abandonne la voie de la vie. » (Prov. XV, 10.)

(2) S'ils ont appelé le père de famille Béelzébub, combien plutôt traiteront-ils de même ses domestiques. (S. Mathieu, X, 25.)

D. Que répondre aux personnes qui affirment que les Esprits d'un ordre supérieur ne peuvent se muniquer aux habitants de la terre ?

R. On doit leur dire que la Bible est là pour leur donner un démenti.... ; qu'étaient les prophètes, sinon les interprètes des Esprits élevés, et sans ces derniers que serait la révélation ?..... Samuel lui-même n'a-t-il point parlé par la bouche de la pythonisse (1) d'Endor, elle qui pourtant, dit l'Ecriture, n'était qu'une magicienne ?

D. Les apôtres repoussaient-ils, condamnaient-ils la communication des Esprits ?

R. Loin de là, puisque les Esprits étaient leurs guides (2). Saint Jean le témoigne par ces paroles : *Mes bien-aimés, ne croyez point à tout Esprit, mais éprouvez s! les Esprits sont de Dieu.* (Ire épit., saint Jean IV, 1.)

D. Les apôtres n'étaient-ils pas investis, par la puissance divine, d' un pouvoir surhumain ?

R. Jésus, n'établissant pas de distinction entre

---

(1) C'est-à-dire, animée d'un Esprit de python. (Ier livre des Rois XXVIII.

(2) Un ange du Seigneur parla à Philippe et lui dit : « Levez-vous et allez vers le midi... » Alors l'Esprit dit à Philippe : « Avancez et approchez-vous de ce charriot. » (Act. des Ap. VIII, 26 et 29.)

Cependant Pierre pensant à la vision qu'il avait eue, l'Esprit lui dit : « Voilà trois hommes qui vous demandent. Levez-vous donc, descendez et ne faites point difficulté d'aller avec eux : car c'est moi qui les ai envoyés » (Act. des Ap. X, 19 et 20.)

ceux qui pratiquent le bien, n'exclut personne (1).

D. Le spirite désireux de s'instruire est-il plus sûr d'arriver à ce but en assistant aux communications des Esprits ?

R. Évidemment, comme dans toutes les sciences, la pratique est le plus utile auxiliaire pour la théorie.

D. Est-on obligé de croire aux Esprits pour s'entretenir avec eux ?

R. Leur mission ne s'accomplirait qu'en partie, s'ils ne se manifestaient qu'aux croyants; néanmoins ils refusent de se rendre auprès de ceux qui ne veulent pas croire quand même.

D. Les Esprits tiennent-ils à rendre évidente leur présence parmi nous ?

R. Nullement : on se trompe si l'on pense qu'ils s'empressent toujours de nous satisfaire sur ce point; mais ils viennent à l'appel des cœurs sincères.

Unité de la doctrine.

D. Quelle est la sanction de la doctrine spirite ?

R. Le contrôle universel, l'unité de principes

---

(1) Il n'y a qu'un même Dieu qui opère tout en *tous*. Or les dons du Saint-Esprit, *qui se font connaître au-dehors*, sont donnés à *chacun* pour l'utilité de l'Eglise. Un reçoit du Saint-Esprit la grâce de guérir les malades, un autre la prophétie, un autre le discernement des Esprits, un autre le don de parler diverses langues, etc. (Ire ép. aux Corinth. XII, 6, 7, 9, 10.)

basée sur la concordance de l'enseignement des Esprits.

D. Cet enseignement est-il parfaitement identique ?

R. Il n'en saurait être différemment, alors que Dieu, pour nous révéler la vérité, choisit ses messagers parmi les grandes intelligences célestes.

D. Leur révélation est-elle en tout conforme à l'évangile?

R. Entièrement; car elle ne saurait en aucun point s'écarter de ces paroles de saint Paul : *quand nous vous annoncerions nous-mêmes, ou quand un ange du ciel vous annoncerait un Evangile différent de celui que nous vous avons annoncé, qu'il soit anathème* (1).

D. Quelle marche doit-on suivre pour ne pas s'éloigner de la bonne voie?

R. Il n'est point de mauvaise voie pour l'honnête homme, l'homme de bien ; mais, pour arriver plus directement au but, on doit suivre celle qu'a tracée Allan Kardec dont la logique, rigoureuse dans ses déductions, ne laisse aucune place à la critique (2).

D. Pourquoi Allan Kardec s'est-il fait, plutôt qu'un autre, l'initiateur de cette doctrine?

R. Tout autre le pouvait comme lui ; mais passionné pour la vérité, il observa les phénomènes

---

(1) Gal., I, 8.

(2) Dieu veut que tous les hommes soient sauvés et qu'ils parviennent à la connaissance de la vérité. — **A Timothée**, 1re ép. ch. II, 4.

spirites avec toute l'attention du penseur, et ne tarda pas à reconnaître qu'ils venaient ouvrir une ère nouvelle. Dès-lors, sous la conduite des Esprits supérieurs, il enregistra, coordonna, commenta les faits qui sont aujourd'hui les assises inébranlables de la doctrine.

D. Peut-on se sauver hors du spiritisme?

R. L'œuvre qu'il vient accomplir, sa devise : *hors la charité point de salut*, prouvent aisément qu'il ne condamne aucune religion. Il reconnaît toutefois que celle du cœur est la meilleure. Elle consiste surtout dans l'amour du prochain, le travail et la prière (1).

D. Le spiritisme prescrit-il des règles, impose-t-il des dogmes?

R. Non : il laisse toute liberté de conscience, n'appelle, ne contraint, ne repousse personne ; il marche avec la science et s'assimile toute idée favorable au progrès.

D. Puisque le spiritisme laisse la liberté de croire, pourquoi les spirites acceptent-ils d'un commun accord ce que disent les Esprits?

R. Parce que le vrai spirite, qui n'admet rien sans l'avoir étudié, pesé, trouve logique de croire à ce que dit un Esprit dont il constate l'élévation.

D. Qu'est-ce qu'un spirite?

R. C'est celui qui croyant à la manifestation des

---

(1) En toute nation, celui qui craint Dieu et dont les œuvres sont justes, lui est agréable. (Act. X, 35.)

Esprits on accepte la doctrine et la pratique avec ferveur, intelligence et pureté d'intention.

D. Mais n'y a-t-il pas quelque ligne de démarcation entre les adeptes?

R. On peut établir parmi eux trois degrés : 1° ceux pour qui le spiritisme est une science d'expérimentation ; 2° ceux qui en comprennent la morale ; 3° ceux qui s'efforcent de pratiquer cette morale.

D. Est-ce dans cette dernière catégorie que se trouve le vrai spirite?

R. Oui, car il a la foi qui régénère et fait vaincre tout obstacle pour s'élever vers Dieu.

D. Dans les deux premiers cas la foi ne serait-elle pas assez vive pour qu'on puisse se dire spirite?

R. Si ce n'est pas la foi dans toute l'acception du mot, c'est du moins la lumière éclairant la route qui y conduit.

La Foi.

D. La foi, qu'on envisage de diverses manières, ne pourrait-elle être définie dans un sens non sujet à contestations?

R. La foi dans son acception restreinte est la croyance en certains dogmes religieux particuliers ; mais dans un sens moins spécial, elle est synonyme de confiance, certitude d'atteindre un but (1).

(1) A cette dernière interprétation s'appliquent ces paroles

D. La foi, dit-on, ne se commande pas; que faut-il donc faire pour l'acquérir?

R. Il faut un effort puissant, soutenu de l'intelligence et de la volonté.

D. Quand peut-on dire que la foi est inébranlable?

R. Lorsqu'elle est sanctionnée par la logique et la raison.

D. Est-ce toujours la raison qu'il faut consulter avant de croire?

R. Toujours : la foi aveugle n'est pas la foi : sachons pourquoi nous croyons (1).

D. L'étude des lois de la nature peut-elle venir en aide à celui qui désire s'éclairer dans la vraie foi?

R Ce n'est que par cette étude qu'on parvient à la développer : c'est alors la foi positive, sanctionnée par la science. Mais comme les lois de la nature reposent sur deux principes : l'esprit et la matière, il importe d'étudier l'un comme l'autre. Telle est la source de la foi.

---

de l'Evangile : « Tout est possible à celui qui croit. (Saint Marc IX, 22.)

(1) Que deviendra l'homme, si la raison, se développant avec tout le reste, n'allume sur sa route des phares qui l'éclairent? (LACORDAIRE. *Disc. sur les études philosophiques.*)

CHAPITRE II.

Lois physiques.

Esprit et matière. — Espace universel. — Formation des mondes. — Formation des êtres vivants. — Pluralité des mondes. — Etres organiques et inorganiques. — Principe vital. — La vie et la mort. — Intelligence et instinct.

Esprit et matière.

D. Qu'est-ce que l'esprit?

R. C'est le principe intelligent de l'univers.

D. Quelle définition peut-on donner de la matière?

R. La matière est le lien qui enchaîne l'esprit (1); c'est l'instrument qui le sert et sur lequel, en même temps, il exerce son action.

D. L'esprit est-il distinct de la matière?

R. Oui, ils sont distincts l'un de l'autre; mais leur union peut seule rendre la matière intelligente.

D. Il y aurait donc ainsi deux éléments généraux de l'univers?

R. Oui; mais, indépendamment de ces deux éléments, il y a le fluide universel, indispensable intermédiaire entre eux; car la matière proprement

---

(1) Entendons ici par *esprit* le principe de l'intelligence, abstraction faite des individualités désignées sous ce nom.

dite est trop grossière pour que l'esprit puisse avoir action sur elle.

D. Ce fluide serait-il celui que nous désignons sous le nom d'électricité ?

R. Tous les fluides sont des modifications du fluide universel, lequel, susceptible d'innombrables combinaisons, en se condensant devient matière.

Espace universel.

D. L'espace universel est-il infini ou limité ?

R. Infini : la raison dit qu'il n'en peut être autrement.

D. Le vide absolu existe-t-il quelque part dans l'espace universel ?

R. Rien n'est vide. Ce qui est vide pour nous est occupé par une matière qui échappe à nos sens et à nos instruments.

Formation des mondes.

D. Comment Dieu a-t-il créé l'univers ?

R. Par sa seule volonté. Dieu dit : Que la lumière soit et la lumière fut.

D. Peut-on connaître le mode de formation des mondes ?

R. Les mondes se forment par la condensation de la matière disséminée dans l'espace. On pense aujourd'hui que les comètes sont des mondes en voie de formation.

D. Un monde complètement formé peut-il disparaître et la matière qui le compose se disséminer de nouveau dans l'espace ?

R. Dieu renouvelle les mondes comme les êtres vivants.

Formation des êtres vivants.

D. D'où sont venus les êtres vivants sur la terre ?

R. Elle en renfermait les germes qui attendaient le moment favorable pour se développer. C'est ce qui a fait dire que l'homme était formé du limon de la terre.

D. L'espèce humaine a-t-elle commencé par un seul homme ?

R. Non : celui qu'on appelle Adam ne fut ni le premier ni le seul qui peupla la terre.

D. Ainsi l'homme aurait pris naissance sur plusieurs points du globe ?

R. Sans aucun doute et à différentes époques : c'est là une des causes de la diversité des races.

D. Malgré cette diversité, tous les hommes sont-ils de la même famille ?

R. Oui : frères en Dieu, animés par l'esprit et visant tous au même but.

Pluralité des mondes.

D. Tous les mondes qui roulent sur nos têtes sont-ils habités (1)?

R. Assurément, et l'homme de la terre est loin d'être, comme il le croit, le premier en intelligence, en bonté et en perfection.

D. Est-il frère des habitants des autres mondes?

R. Tous sont enfants de Dieu et concourent à l'harmonie de l'univers.

D. La constitution physique des différents mondes est-elle identique?

R. Non, mais les êtres qui les habitent ont partout le même type, c'est-à-dire la forme humaine.

D. Les mondes les plus éloignés du soleil sont-ils privés de lumière et de chaleur?

R. Non; l'électricité dans certains mondes joue un rôle bien autrement important que sur la terre.

D. Si, en dehors de la révélation des Esprits, la science n'a pu prouver encore d'une manière positive que tous les mondes sont habités, qu'est-ce qui porte l'opinion presque générale à admettre cette hypothèse comme une vérité?

R. La certitude que Dieu n'a rien fait d'inutile, que la vie est partout (2).

(1) Voir, de Camille Flammarion, *La pluralité des mondes habités*.

(2) « Il y a plusieurs demeures dans la maison de mon

Êtres organiques et inorganiques.

D. Est-ce la même force qui unit les éléments de la matière dans les corps organiques et dans les corps inorganiques ?

R. La loi d'attraction est la même pour tous.

D. Est-il une différence entre la matière des corps organiques et celle des corps inorganiques ?

R. C'est toujours la même matière vivifiée par le même agent ; mais dans les corps organiques cet agent devient plus manifeste et plus actif.

Principe vital.

D. Quelle est la cause de l'animalisation de la matière ?

R. Son union avec le principe vital.

D. Qu'est-ce que le principe vital ?

R. C'est un fluide donnant vie à tous les êtres qui l'absorbent et se l'assimilent.

D. Où a-t-il sa source ?

R. Dans le fluide universel. Animant la matière, il la met au service de l'esprit.

D. Quelle est l'action particulière du principe vital sur la matière inorganique ?

R. Il lui donne la force de cohésion et les pro-

père. » (Saint Jean, XIV, 2.) La maison du Père céleste n'est-elle pas l'univers, et ses demeures ne sont-elles point aussi nombreuses, aussi variées que l'infinité des mondes ?

priétés relatives aux modifications qu'elle subit dans une élaboration constante.

La vie et la mort.

D. Quelle est la cause de la mort chez les êtres organiques?

R. La destruction ou l'épuisement des organes. La matière inerte se décompose et forme de nouveaux corps, tandis que le principe vital retourne à la masse.

D. La quantité de fluide vital est-elle absolue chez tous les êtres organiques?

R. Non : il en est qui, pour ainsi dire, en sont saturés, alors que d'autres en ont à peine pour l'entretien de la vie.

D. Celui qui en a plus pourrait-il en donner à celui qui en a moins ?

R. Oui, et en certains cas rappeler la vie prête à s'éteindre.

Intelligence et instinct.

D. Quelle différence existe-t-il entre l'instinct et l'intelligence?

R. La différence qui existe entre le premier mouvement et la préméditation. L'instinct ne raisonne pas : il est spontané et répond particulièrement à l'appel que le besoin de vivre fait à nos sens, tandis que l'intelligence invite l'homme à faire un choix et lui laisse le libre arbitre.

D. Quelle définition peut-on donner de l'instinct?

R. C'est un sentiment intérieur, indépendant de la réflexion.

D. Serait-ce le penchant qui, sans nulle préméditation, nous entraîne vers le bien ou le mal?

R. On peut l'appeler instinct, si l'on veut, parce qu'il est indépendant de la volonté; mais c'est plutôt un sentiment inné, provenant uniquement de la nature bonne ou mauvaise de chacun de nous, sentiment qui se modifie avec l'intelligence et la raison.

D. Qu'appelle-t-on intelligence?

R. C'est une faculté purement spirituelle de l'être qui lui donne, quand il est arrivé à un certain degré de développement, la conscience de son existence et de son individualité morale.

D. L'intelligence est-elle un attribut du principe vital?

R. Non; bien que l'intelligence anime aussi toutes choses, elle est parfaitement distincte du principe vital.

D. Qu'est-ce qui caractérise l'intelligence?

R. Ses effets, qui sont: la volonté d'agir, le besoin d'établir des rapports avec le monde extérieur, ce qui ne peut avoir lieu qu'avec le concours de la matière.

D. Quelles sont les causes déterminantes des manifestations de l'intelligence?

R. Le sentiment du *moi*, une combinaison de la pensée, un mouvement délibéré.

D. Si, comme il est dit plus haut, l'intelligence anime toutes choses, s'étendrait-elle donc à la matière inerte?

R. Assurément; mais elle ne commence à se révéler à nos yeux que dans les corps organisés, parce qu'il faut, pour obéir à son impulsion, une certaine souplesse dans la matière qui lui sert d'agent.

D. Quelle est la source de l'intelligence?

R. L'intelligence universelle ou intelligence divine.

D. Chaque corps inorganique indique-t-il la présence d'une intelligence individuelle?

R. Oui, mais elle n'est pas identifiée à ce corps; elle y est unie seulement et demeure latente jusqu'à ce qu'elle sorte de ces degrés inférieurs de la matière où elle se développe insensiblement, en prenant des formes de plus en plus parfaites (1).

(1) Pour plus amples explications, voir chapitre IX, *Les trois règnes.*

DEUXIÈME PARTIE

DES ESPRITS

CHAPITRE PREMIER

Nature des Esprits. — Monde normal primitif. — Ubiquité des Esprits. — Périsprit. — Créations fluidiques. — Différents ordres d'Esprits. — Progression des Esprits. — Anges et démons. — Anges et saints.

Nature des Esprits.

D. Quelle définition peut-on donner des Esprits?

R. On peut dire que les Esprits sont les êtres intelligents de la création. Ils peuplent l'univers en dehors du monde matériel (1).

D. Sont-ils des êtres d'une création particulière?

R. Non : ce sont les âmes de ceux qui ont vécu sur la terre ou dans d'autres sphères, et qui ont quitté leur enveloppe corporelle.

---

(1) Le mot *Esprit* est employé ici pour désigner les individualités des êtres extra-corporels, et non plus l'élément intelligent universel.

D. Les Esprits sont-ils des êtres distincts de la divinité ?

R. Parfaitement distincts ; seulement on peut dire que chaque Esprit, être *personnel*, immatériel, immortel, est une étincelle du divin foyer.

D. Quels sont les attributs de l'Esprit ?

R. La pensée, la volonté et le sentiment. L'Esprit uni au corps est ce principe intelligent que nous appelons âme.

D. L'intelligence et l'Esprit sont-ils identiques ?

R. Non : l'intelligence est, comme la pensée, un attribut de l'Esprit : c'est le flambeau qui l'éclaire.

Monde normal primitif.

D. Les Esprits forment-ils un monde à part, en dehors de celui que nous voyons ?

R. Oui : le monde des Esprits ou celui des intelligences incorporelles.

D. Quel est celui des deux : le monde spirite ou le monde corporel qui est le principal dans l'ordre des choses ?

R. Le monde spirite, préexistant et survivant à tout. Ces deux mondes réagissent pourtant l'un sur l'autre et leur corrélation est incessante.

Ubiquité des Esprits.

D. Les Esprits occupent-ils une région déterminée et circonscrite dans l'espace ?

R. Ils sont partout : les espaces infinis en sont

peuplés. Cependant il est des régions interdites aux moins avancés.

D. Les Esprits sont-ils libres d'aller visiter les autres mondes ?

R. Les Esprits avancés ont seuls cette faculté. La grossièreté des fluides, inhérents aux Esprits inférieurs, interdit à ces derniers l'accès des mondes qui ne sont pas en harmonie avec leur nature.

D. Les Esprits mettent-ils un temps quelconque à franchir l'espace ?

R. Ce temps est rapide comme la pensée. Rien ne leur fait obstacle, rien ne leur est inaccessible.

D. Le même Esprit peut-il exister sur plusieurs points à la fois ?

R. Il ne peut y avoir division du même Esprit, mais celui qui est élevé rayonne de différents côtés : ainsi le soleil projette ses rayons à l'entour et ne se divise pas.

D. Tous les Esprits rayonnent-ils avec la même puissance ?

R. Il s'en faut de beaucoup : cela dépend du degré de leur pureté.

Périsprit.

D. L'Esprit dépouillé de l'enveloppe corporelle est-il environné d'une substance quelconque ?

R. Il a son corps fluidiqué qui lui permet de s'élever dans l'atmosphère et de se transporter où il veut. C'est la forme invisible, insaisissable que saint Paul désigne sous le nom de corps spirituel, et à laquelle le spiritisme donne celui de périsprit (1).

D. Où l'Esprit puise-t-il cette enveloppe ?

R. Dans le fluide universel.

D. Quelles sont ses propriétés ?

R. Fluide plus subtil que tous les autres, il agit, se transforme au gré de l'Esprit dont il ne se sépare jamais. Il se modifie selon les lieux et s'épure à mesure que l'Esprit s'élève.

D. Cette substance renferme-t-elle quelque principe matériel ?

R. Oui ; bien que vaporeuse, elle n'en est pas moins de la matière que jusqu'à présent on n'a pu saisir et soumettre à l'analyse.

D. Comment l'Esprit, si abstrait par sa nature, peut-il communiquer avec l'épaisse matière ?

R. Il communique au moyen de ce fluide dont il l'enveloppe, la pénètre, et qui lui sert de levier pour la faire mouvoir.

D. Un fluide peut-il être assez fort, assez puissant

---

(1) « Comme il y a un corps animal, il y a aussi un corps spirituel. » (Ire aux Corinth., XV, 44.) Leibnitz, Origène, Platon, saint Ambroise et tant d'autres penseurs ont pressenti cette vérité. « Nous avons vraisemblablement un corps rayonnant, divin, et pour ainsi dire spirituel. » (Victor Hugo.) Ce corps vit éternellement, ne s'altère jamais et grandit en beauté, en perfection, en même temps que l'Esprit devient lui-même plus parfait. C'est par ce progrès incessant qu'il atteint le type si pur que l'art tente vainement de reproduire en ce monde encore inférieur.

pour mettre en mouvement des corps inertes et sans apparence de vie ?

R. Les fluides ne sont-ils pas les éléments, les principes constituants de la nature et ne recellent-ils pas toutes ses forces ? Or, le périsprit peut, dans certaines conditions, devenir un si puissant moteur, qu'aucune matière ne saurait lui opposer de résistance.

D. Malgré la subtilité de sa forme, l'Esprit a-t-il le pouvoir de se rendre visible ?

R. Oui, et c'est ainsi qu'il nous apparaît parfois, soit en songe, soit à l'état de veille. Il prend, pour se faire reconnaître, l'aspect qu'il avait sous un corps charnel et peut même devenir palpable (1).

D. Est-il vraiment possible qu'un corps éthéré devienne palpable ?

R. Il le devient par la combinaison des fluides dont se compose le périsprit, lesquels lui donnent toutes les apparences de la matière. Les formes se dessinent, s'accentuent par la volonté de l'Esprit et s'évanouissent avec la rapidité de l'éclair.

D. Qu'est-ce qui prouve la réalité d'un tel phénomène ?

R. Certains faits dont le spiritisme explique les

---

(1) Dans l'histoire de tous les peuples, dans toutes les croyances populaires, on trouve, passés à l'état de légende, des faits d'apparition datés d'époques si diverses et empreints d'un tel cachet de vérité, qu'on ne saurait y voir rien d'imaginaire, rien d'inventé.

causes et que des expériences spirites sont venues récemment confirmer (1).

D. L'Esprit se présente-t-il toujours sous la même forme ?

R. Il peut prendre les apparences qu'il veut : la ressemblance, par exemple, d'un autre Esprit ou bien celle d'un incarné (2).

D. Le périsprit est-il le même sur tous les globes?

R. Il a partout le même principe ; mais, en passant d'un monde à l'autre, les Esprits changent d'enveloppe comme nous changeons de vêtement. Ainsi, ceux qui viennent d'un monde supérieur dans un monde inférieur prennent un périsprit plus grossier.

D. Pourquoi cela ?

R. Parce que le périsprit se compose toujours des mêmes fluides que ceux du globe dont l'Esprit fait partie.

---

(1) C'est par ce phénomène que s'expliquent les apparitions de Jésus à ses disciples, à Marie-Madeleine et ses disparitions instantanées ; car ce corps, si subtil depuis sa mort, n'était plus son corps matériel.

(2) Il nous est ainsi donné de comprendre encore comment Jésus se présenta à Madeleine auprès du sépulcre sans en être reconnu. Elle, pensant que ce fut le jardinier, lui dit : « Seigneur, si c'est vous qui l'avez enlevé, dites-moi où vous l'avez mis. » (Saint Jean, XX, 15.) « Puis, à deux disciples qui s'en allaient à Emaüs : Il apparut *sous une autre forme*. (Saint Marc, XVI, 12.) »

D. Le périsprit joue-t-il un rôle dans l'organisme ?

R. Evidemment : chez les incarnés il sert de lien ou d'intermédiaire entre l'Esprit et le corps. Le périsprit est souvent le siège de certaines maladies qu'on cherche en vain dans la matière dont il pénètre chaque fibre, chaque molécule (1).

D. L'homme serait donc constitué par trois éléments ayant chacun son action particulière ?

R. Le corps, le périsprit et l'Esprit font pour ainsi dire de l'homme une trinité.

D. Quelles sont les fonctions principales de ces trois éléments ?

R. L'Esprit commande, le corps obéit et le périsprit est le moteur. Par l'intermédiaire de ce dernier l'Esprit perçoit les sensations physiques et le corps ressent le contre-coup des impressions morales (2).

D. Indépendamment de la force motrice que le périsprit met au service de l'Esprit, n'offre-t-il pas d'autres avantages à celui qui est enveloppé de matière ?

R. Grâce à lui, l'incarné a, dans certaines cir-

---

(1) Les mauvaises passions, la fausse voie où l'on marche, l'absence des saines idées attirent de mauvais fluides qui finissent par donner au périsprit une constitution malsaine. De là le germe de la plupart des souffrances que la science médicale ne peut définir.

(2) Le périsprit agit sur le système nerveux comme la main sur un appareil électrique.

constances, des perceptions qu'il ne pourrait avoir avec ses organes matériels, bornés et imparfaits.

D. Quel phénomène présente le périsprit au moment de la mort ?

R. Il se détache de la matière proprement dite, devient le simple organe de l'Esprit et lui permet de se mettre en rapport avec les incarnés. C'est l'intermédiaire *nécessaire* à son action sur nos sens (1).

Créations fluidiques.

D. Puisque l'Esprit peut faire subir des modifications au fluide périsprital, a-t-il la faculté de créer des objets d'une apparence matérielle ?

R. Les fluides sont pour les êtres spirituels ce qu'est la matière compacte pour les incarnés. Tandis que nous la façonnons péniblement avec la main ou avec des instruments, les Esprits, par l'acte seul de leur volonté, assemblent des fluides dont ils forment des objets qu'ils détruisent et font disparaître lorsqu'ils ne les désirent plus.

D. Peuvent-ils les rendre tangibles et matériels pour les incarnés ?

R. Si tous n'ont pas ce pouvoir, les Esprits élevés le possèdent par la connaissance complète qu'ils ont des lois de la nature (2).

---

(1) Qu'est-ce qu'une personnalité, sans la forme qui la définit et la fixe, a dit Victor Hugo, à propos de la vie d'outre-tombe ?

(2) C'est par des fluides sous forme de pain que fut rassasiée, au désert, la foule qui suivait Jésus. Sous l'impulsion de sa

Différents ordres d'Esprits.

D. Existe-t-il plusieurs ordres ou plusieurs degrés de perfection parmi les Esprits ?

R. Le nombre en est illimité ; mais bien que ces ordres n'aient pas une ligne de démarcation tranchée, on peut les réduire à trois. Au premier rang sont les Esprits arrivés à la perfection : les purs Esprits. Ceux du second ordre sont heureux du bien qu'ils font et du mal qu'ils empêchent ; ceux du dernier degré sont les Esprits imparfaits, c'est-à-dire ignorants, passionnés et méchants.

D. Les Esprits du second ordre ont-ils le pouvoir de faire le bien comme ils le désirent ?

R. Oui, suivant le degré de leur avancement. Les uns ont la science, les autres la sagesse et la bonté ; néanmoins il leur reste encore des épreuves à subir.

D. A quel ordre appartiennent les Esprits désignés dans les croyances vulgaires sous les noms de sylphes, bons génies, génies protecteurs, Esprits du bien ?

R. Au premier ou au second ordre, selon la mission qu'ils ont à remplir. Dans les temps reculés on en a fait des divinités bienfaisantes.

D. Les Esprits du troisième ordre sont-ils tous essentiellement mauvais ?

R. Non : les uns ne font ni bien ni mal ; les autres, plus brouillons que méchants, se plaisent à

puissance, les fluides se condensèrent, se matérialisèrent et purent assouvir momentanément la faim de cette multitude.

mystifier, à faire des malices. On les connaît sous les noms de lutins, gnômes, farfadets (1); enfin les plus mauvais ne cherchent qu'à satisfaire leur méchanceté. Ce sont les larves, les divinités infernales du paganisme, les démons du moyen-âge (2).

Progression des Esprits.

D. *Les Esprits sont-ils créés intelligents?*

R. Non : simples et ignorants, mais susceptibles de développer l'intelligence dont ils possèdent le germe.

D. *Tous sont-ils au début dans les mêmes conditions et doués des mêmes aptitudes?*

R. Dieu ne favorise personne : il accorde à tous les mêmes moyens d'arriver à la perfection que peut atteindre la créature.

D. *Dieu n'aurait donc point créé des Esprits mauvais et d'autres bons?*

R. Non : en vertu de leur libre arbitre, ils sont ce qu'ils veulent être.

D. *Cette théorie pourrait-elle expliquer pourquoi nous voyons des êtres si disgracieux à côté, parfois,*

---

(1) Quelques-uns sont désignés, selon le pays, par des noms particuliers ; mais ces Esprits appartiennent généralement à la catégorie des Esprits follets. Celui qu'on appelle Drack, dans le midi de la France, est encore de cet ordre.

(2) Il en est parmi eux, qui, avancés en intelligence, emploient leur savoir pour faire le mal et contenter leurs passions.

de certains autres que la nature semble se plaire à combler de ses dons ?

R. Tel qui paraît déshérité aujourd'hui arrivera, dans un temps plus ou moins long, selon sa volonté, à posséder les mêmes avantages.

D. *Pourquoi l'Esprit est-il créé si imparfait ?*

R. Parce que Dieu veut lui laisser le mérite de ses propres œuvres.

D. *Tous les Esprits suivent-ils dès le principe la route du mal ?*

R. Non : il en est, mais un très petit nombre, qui suivent la route du bien et parviennent rapidement au bonheur suprême.

D. *Ceux qui ont failli avant d'arriver au but ont-ils moins de mérite aux yeux de Dieu ?*

R. Leur mérite est le même, car ils se sont relevés par le repentir et la souffrance.

D. *Pour devenir parfait, l'Esprit doit-il être soumis à toutes les tentations ?*

R. Assurément non. Il n'est tenté, n'est éprouvé qu'à l'endroit de ses mauvais penchants.

D. *Quelle est la situation des Esprits, dès l'instant où ils sont à tout jamais affranchis de l'épreuve ?*

R. Loin d'une oisive contemplation, messagers et ministres de Dieu, ils jouissent d'un inaltérable bonheur.

D. *Quand ils sont arrivés à ce degré, le bien qu'ils font ne saurait-il accroître leur félicité ?*

R. Ils s'élèvent encore et participent d'une manière plus large, plus puissante, à l'harmonie de l'univers.

D. Mais en s'élevant indéfiniment, ne pourraient-ils pas atteindre les perfections attribuées à Dieu seul?

R. Pour si parfaite que soit la créature, il y aura toujours entre elle et le Créateur la distance du fini à l'infini.

Anges et Démons.

D. Les Esprits que nous appelons anges, archanges, séraphins, etc., sont-ils d'une nature différente des autres?

R. Non : ce sont les Esprits bienheureux, les purs Esprits.

D. Pourquoi, dans la tradition de presque tous les peuples, la croyance à des êtres supérieurs, et possédant dès le principe toutes les perfections, est-elle admise?

R. C'est que, longtemps avant que ce monde existât, des Esprits avaient atteint, sur d'autres globes, le suprême degré : ce qui a porté les hommes à croire qu'ils avaient été créés dans cet état de perfection.

D. Y a-t-il des démons dans le sens attaché à ce mot?

R. S'il existait des démons, ils seraient l'œuvre de Dieu ou bien il y aurait plusieurs puissances souveraines, et alors Dieu ne serait pas au-dessus de tout.

D. Aurait-il pu créer des êtres voués au mal et malheureux pour l'éternité ?

R. Des hommes ignorants et entourés de ténèbres ont pu seuls imaginer une telle injustice, en prêtant à Dieu leurs propres passions.

D. Pourquoi lisons-nous, dans l'Evangile, que Jésus chassait les démons ?

R. Le mot démon était en ce temps-là synonyme de mauvais Esprit. On employait indistinctement ces deux termes pour désigner les Esprits malfaisants.

D. Si Dieu n'a point créé de démons, ceux qu'on nomme ainsi ne sont-ils pas, comme on le croit, des anges révoltés ?

R. C'est une fiction. L'Esprit ne rétrogradant pas, les démons ne peuvent appartenir qu'à la catégorie des êtres les plus inférieurs du monde invisible (1).

Anges et Saints.

D. Existe-t-il une différence entre les saints et les anges ou Esprits désignés sous ce nom ?

R. Il n'en existe aucune : les uns et les autres sont de purs Esprits.

---

(1) Si des êtres créés parfaits avaient pu faire une si épouvantable chute, n'aurions-nous pas à craindre de succomber, à notre tour, après être arrivés au bonheur des élus ? Or, des anges capables de se révolter ne pouvaient être de purs Esprits.

D. Ceux qu'on appelle saints ont-ils été éprouvés, pendant leur séjour sur la terre, plus que les autres hommes ?

R. Non ; ils ont eu à subir uniquement les épreuves proportionnées au progrès qu'ils devaient accomplir.

D. Mais leurs visions, leurs extases, leurs communications avec le monde extra-terrestre, ne seraient-elles pas une évidente preuve de leur sainteté ?

R. Ils peuvent avoir été visités par de purs Esprits ; mais ces phénomènes, si fréquents à toutes les époques, n'étaient que des manifestations spirites, que favorisaient néanmoins la pureté de leurs fluides, conséquence de leur élévation morale.

D. Ils ne furent donc pas prédestinés en venant au monde, ainsi que le croient certaines personnes ?

R. Nullement. Toute prédestination serait un privilège, tout privilège une injustice.

D. Mais les martyrs, ceux qui ont accompli de grands sacrifices en vue de Dieu, sont-ils arrivés jusqu'à lui ?

R. Une mort héroïque nous en rapproche certainement, mais ne suffit pas toujours pour nous absoudre ou nous dépouiller de nos mauvais penchants.

CHAPITRE II.

Incarnation des Esprits et leur retour à la vie spirituelle.

But de l'incarnation. — L'âme après la mort, son individualité, vie éternelle. — Séparation de l'âme et du corps. — Trouble spirite. — Influence de la matière.

But de l'incarnation.

D. Quel est le but de l'incarnation des Esprits?

R. De les faire arriver à la perfection. Pour les uns c'est une expiation, pour les autres une mission.

D. Pourquoi la matière est-elle nécessaire au progrès de l'Esprit?

R. Parce qu'il doit, en acquérant l'expérience, se purifier à son contact.

D. Quelle action exerce-t-elle sur l'Esprit pour l'aider à se purifier?

R. Elle l'oblige de penser et d'agir, ce qui développe en lui d'abord l'intelligence et puis le sens moral.

D. Combien de temps faut-il que l'Esprit reste uni à la matière?

R. Jusqu'à ce qu'il soit assez fort, assez pur pour n'en plus subir l'influence morale.

D. Au lieu de le faire marcher en avant, les besoins du corps ne le rendent-ils point plus matériel, et par suite n'entravent-ils pas son progrès?

R. Sans doute, il y a lutte entre l'Esprit et la matière ; mais cette lutte est inévitable et nécessaire.

D. Puisque le progrès moral ne s'opère que lorsque le progrès intellectuel est accompli, comment expliquer la bienveillance, la bonhomie de certaines personnes complètement dénuées de facultés intellectuelles?

R. Quelquefois les passions sommeillent et ne se réveillent que lorsque, excitées par l'intelligence, elles se soulèvent contre l'Esprit (1).

D. Qu'advient-il de lui s'il succombe?

R. Il demeure stationnaire jusqu'au jour où il acquiert la force de vaincre et de s'élever.

L'âme après la mort.

D. Que devient l'âme au sortir de ce monde?

R. Elle rentre dans celui des Esprits qu'elle avait quitté momentanément.

D. Qu'est donc la mort au point de vue spirite?

R. C'est la désagrégation de la matière qui rend à l'Esprit sa liberté.

---

(1) Il peut se faire aussi qu'à titre d'épreuve, l'intelligence soit, chez certains Esprits avancés, momentanément voilée par la matière ; mais elle n'en est pas moins développée, bien qu'elle se manifeste difficilement.

D. L'âme après la mort conserve-t-elle son individualité ?

R. Elle ne la perd jamais.

D. Comment peut-elle constater son individualité ?

R. Par son corps fluidique qui présente, pour se faire reconnaître, l'apparence de sa dernière incarnation.

D. Qu'emporte l'âme en quittant la terre ?

R. Le souvenir de sa vie passée, l'aspiration vers un monde meilleur.

D. Que devons-nous penser de cette opinion qu'après la mort l'âme rentre dans le tout universel ?

R. Que cette opinion est erronée. Si les âmes étaient confondues dans la masse, elles n'auraient que les qualités de l'ensemble et rien ne les distinguerait les unes des autres.

D. Quelle preuve pouvons-nous avoir de l'individualité après la mort ?

R. Les communications que nous obtenons.

D. L'Esprit, en reprenant sa liberté, va-t-il dans l'espace ou reste-t-il sur la terre ?

R. L'Esprit ignorant et matériel garde ses habitudes, tandis que l'Esprit élevé parcourt l'espace avec la rapidité de la pensée.

D. Puisqu'il parcourt l'espace, peut-il, à son gré, revenir auprès des incarnés ?

R. Il peut, dans un instant indivisible, se rapprocher de ceux qui lui sont chers (1).

---

(1) Victor Hugo exprime cette vérité avec une émouvante

Séparation de l'âme et du corps.

D. La séparation du corps et de l'âme est-elle douloureuse?

R. Pas toujours. Le corps souffre quelquefois pendant la vie bien plus qu'à l'instant de la mort.

D. L'âme met-elle chez tous les mourants le même temps à se dégager?

R. Non : il est des Esprits qui pendant l'agonie ont déjà quitté leur corps, et ce corps n'a plus que la vie organique ; mais d'autres ont de la peine à s'en séparer, même après la mort.

D. Qu'advient-il de l'homme emporté par une mort violente?

R. L'affinité entre l'âme et le corps, qui persiste après le coup mortel, est souvent très pénible, et le dégagement ne s'opère qu'avec une extrême lenteur.

Trouble spirite.

D. Quelles sont en général les sensations de l'âme après avoir quitté le corps?

R. Elle est quelque temps dans le trouble et perd conscience d'elle-même.

---

conviction : « Elle est toujours votre compagne invisible, mais présente. Vous avez perdu la femme, mais non l'amie. Vivons dans les morts. » — Lettre à Lamartine. Dans *Les Châtiments*, le même auteur fait dire à Pauline Roland, parlant de ses enfants : «... j'irai les revoir, lorsque je serai morte. » Dans *La Fille d'Otaïti* la même idée se retrouve encore.

D. *En quoi consiste ce trouble?*

R. Tout est confus d'abord, et la lucidité des idées ne revient que lorsque s'affaiblit l'influence de la matière.

D. *Tout le monde ressent-il de la même façon, et pendant la même durée, ce trouble de l'âme après la mort?*

R. Loin de là : proportionné à l'attachement qu'on a eu pour les choses terrestres, les nuances en sont infinies.

D. *Quel effet produit le trouble spirite sur l'Esprit qui pendant sa vie a travaillé à s'élever?*

R. Un effet nul : l'Esprit est instantanémnt dégagé, et l'on peut dire que pour lui, comme a dit notre grand poète, *la mort c'est l'entrée dans la grande lumière.*

D. *L'homme qui a vécu selon la loi de Dieu a-t-il sa récompense immédiatement après la mort?*

R. Parfois, avant qu'il ait rendu le dernier soupir, ceux qui l'ont précédé dans la vie spirite viennent l'aider à dénouer ses liens, et l'emportent avec eux dans l'espace.

D. *Est-ce un avantage pour le mourant de ne point soupçonner l'approche de sa dernière heure?*

R. Non, car l'espérance de la guérison peut persister au-delà de la tombe et maintenir l'âme dans le trouble.

Influence de la matière.

D. *Que résulte-t-il de cette confusion d'idées occasionnée par le trouble spirite?*

R. Une illusion étrange, complète, qui fait que

généralement les Esprits croient encore appartenir au monde corporel. Ainsi les uns ont faim et soif, les autres chaud ou froid ; la plupart, endoloris par le mal auquel ils ont succombé, s'étonnent et s'affligent de se voir tout à coup délaissés (1). Il est enfin des Esprits qui suivent leur cadavre dans la tombe et se croient enterrés vivants.

D. On comprend, d'après ce tableau, que le décapité puisse souffrir après l'exécution?

R. Sa douleur comme homme ne cesse que lorsque s'éteint la vie organique, et comme Esprit après son dégagement de la matière. Quand l'Esprit est pur, ai-je dit, le dégagement est instantané.

D. Peut-on admettre qu'une âme séparée de son corps puisse néanmoins en ressentir la douloureuse influence?

R. Le fait est prouvé. Cette sensation est produite par l'intermédiaire du périsprit adhérent encore à la matière, bien que le principe vital l'ait abandonnée (2).

---

(1) Des naufragés luttent contre la fureur des flots ; les homicides, remplis de terreur, ont toujours leurs victimes sous les yeux ; les sensuels assistent à la décomposition de leur corps ; d'autres errent dans les ténèbres, etc., etc.

(2) C'est ainsi qu'on ressent la douleur d'un membre amputé. Si donc l'incarné souffre d'un organe qui n'existe plus, il est logique de croire qu'un Esprit, complètement séparé de son corps, peut souffrir dans tous ses organes détruits par la mort. C'est le périsprit qui, par transmission, est malade lui-même, comme l'était le corps terrestre, ou qui conserve encore l'impression douloureuse du coup mortel.

D. La destruction du corps n'aide donc pas l'Esprit à rompre les liens qui l'enchaînent à lui?

R. Non : l'Esprit n'est libre, ou du moins ne travaille à le devenir, que lorsque, reconnaissant sa situation, il ne prend plus le périsprit pour l'enveloppe terrestre.

D. Dès qu'il comprend son état, est-il affranchi de l'influence de la matière?

R. Pas immédiatement; mais les efforts qu'il fait à cet égard lui font pressentir la délivrance.

D. Outre l'illusion produite par la matérialité de l'Esprit, qu'est-ce qui engendre la souffrance chez le coupable rentré dans l'espace?

R. Les douleurs qu'il a causées, les haines qu'il a soulevées. Tous ces sentiments retombent pour ainsi dire sur son périsprit, l'entourent d'une atmosphère malsaine, jusqu'à ce que les bonnes actions d'une vie nouvelle l'arrachent à cette pression.

D. Comment peuvent être classés les Esprits dont viennent d'être dépeintes ci-dessus les diverses situations?

R. Les uns repentants, désireux de réparer leurs fautes, sont désignés sous le nom d'Esprits souffrants; les autres endurcis, rebelles, sont ces Esprits qu'on appelle démons (1).

---

(1) Satan, le malin, le diable, Belzébuth sont autant de désignations synonymes que l'Evangile applique à ces mauvais Esprits.

CHAPITRE III.

Pluralité des existences.

Réincarnation, péché originel. — Incarnation dans les différents mondes. — Mondes inférieurs et mondes supérieurs. — Transmigration progressive. — Sort des enfants après la mort. — Sexe chez les Esprits. — Parenté, filiation. — Similitudes physiques et morales. — Idées innées.

Réincarnation, péché originel.

D. Comment l'âme qui n'a pas atteint la perfection pendant la vie corporelle peut-elle achever de s'épurer?

R. En subissant l'épreuve d'une nouvelle existence.

D. L'âme a donc plusieurs existences terrestres?

R. Oui, nous nous réincarnons tous dans un nouveau corps (1).

D. Quel est le but de la réincarnation?

R. Expiation, amélioration, progression de l'humanité (2).

---

(1) Voir la pluralité des existences de l'Ame, par Pezzani.

(2) Il faut que vous naissiez de nouveau, a dit le Christ; mais vous ne recevrez point notre témoignage. (Saint Jean, ch. III, v. 7 et 11.)

D. Est-on rigoureusement obligé de s'incarner plusieurs fois?

R. Oui : on n'acquiert l'expérience nécessaire au développement de l'Esprit qu'à cette condition (1).

D. La loi de la réincarnation donne-t-elle une raison d'être à l'inégalité des positions?

R. Nul doute; elle détruit ainsi les anomalies apparentes qui, aux yeux de ceux que le spiritisme n'éclaire pas, semblent l'effet d'une inexplicable injustice.

D. Ces existences successives sont-elles un moyen de triompher des passions, des vices inhérents à chaque classe de la société?

R. Absolument le seul, puisque riche aujourd'hui, il faut dompter l'avarice, l'égoïsme et l'orgueil; pauvre demain, l'envie et la paresse.

D. Les groupes d'Esprits formant des nations se réincarnent-ils toujours dans leur patrie?

R. Non; il faut que l'Esprit vive sous divers climats, dans différents pays où les besoins, l'industrie et les mœurs exigent des facultés diverses, ou appliquées d'une manière différente.

D. Le nombre d'incarnations est-il le même pour tous les Esprits?

R. Il dépend de chacun d'en abréger la série.

---

(1) Ce que nous appelons éternité n'est peut-être qu'une suite infinie de ces transitions que les hommes appellent mort.
BULWER.

D. Doit-on nommer punition ce retour si fréquent à la vie corporelle ?

R. Plutôt obligation de recommencer une tâche mal remplie.

D. Bien que la loi de la réincarnation soit capable de satisfaire la raison de celui qui cherche en tout la justice de Dieu, ne serait-il pas facile d'établir que les paroles du Messie posent ce dogme en principe ?

R. On pourrait citer de nombreux passages de l'Evangile ne laissant aucun doute à cet égard, et qui sont restés inaperçus. C'est pourquoi Jésus disait : « *Vous ne recevrez pas notre témoignage.* » Il disait encore à ses disciples : « *Vous étiez avec moi dès le commencement.* » (Saint Jean, ch. III, v. 11 ; id., ch. XV, v. 27.)

D. Sans admettre la préexistence de l'âme, par suite, la pluralité des existences, peut-on bien comprendre l'Evangile ?

R. Non : ce principe est la clé qui doit restituer leur véritable sens à la plupart des maximes évangéliques (1).

D. . dogme de la réincarnation peut-il rendre compte d'une manière rationnelle du péché originel ?

R. Oui, lui seul peut expliquer cette croyance qui n'aurait pas de raison d'être, si l'on n'admettait point la pluralité des existences ; mais l'admission

---

(1) On le retrouve également dans l'Ancien Testament, et dans divers écrits concordant avec les enseignements de la doctrine spirite. C'est ce qui faisait dire au Sauveur : « *Sondez les Ecritures.* » (Saint Jean, V, 39.)

d'une vie antérieure révèle l'origine de nos mauvais penchants et de nos souffrances qu'injustement on rejette sur la désobéissance de nos premiers parents (1).

Incarnation dans les différents mondes.

D. Nos différentes existences corporelles s'accomplissent-elles toutes sur la terre?

R. Non, mais dans différents mondes. Celle d'ici-bas est une des plus matérielles.

D. L'âme doit-elle rigoureusement subir plusieurs existences sur le même globe?

R. Oui, tant qu'elle n'est pas assez avancée pour passer dans un monde supérieur.

D. Ne serait-on pas plus heureux de rester à l'état d'Esprit?

R. Non : on serait stationnaire et l'on veut avancer (2).

D. Les Esprits après avoir été incarnés dans d'autres mondes peuvent-ils l'être dans celui-ci?

R. Oui, mais tous les mondes sont solidaires; et

---

(1) Souvent les maladies qui se déclarent dans une nouvelle existence proviennent des principes morbides que le périsprit a conservés d'une vie antérieure. Ces principes se modifient à mesure que l'Esprit devient plus pur ; et c'est ainsi seulement, par cette épuration, que s'efface la tâche originelle.

(2) L'Esprit pur pourrait toujours goûter les joies qu'il a acquises, s'il ne se réincarnait pour l'amour de ses frères.

4

ce qui ne s'accomplit pas dans celui-ci s'accomplit dans un autre.

D. Pour arriver au bonheur final, l'Esprit doit-il passer par la filière de tous les mondes de l'univers?

R. Non, car beaucoup de mondes sont du même degré et l'Esprit n'y apprendrait rien.

D. Y a-t-il quelque avantage à revivre sur la terre?

R. Aucun avantage, à moins d'y être en mission ; alors on avance là comme ailleurs.

D. Les Esprits déjà épurés viennent-ils dans les mondes inférieurs?

R. Ils y viennent souvent, afin de les aider à progresser.

D. Dieu ne peut-il aussi envoyer dans ces mondes arriérés des Esprits rebelles?

R. Bien qu'ils ne rétrogradent pas, ils peuvent être condamnés à y séjourner pour recommencer, dans le milieu qui convient à leur nature, les existences mal employées.

D. En passant de ce monde dans un autre les Esprits conservent-ils l'intelligence?

R. Sans doute, l'intelligence ne se perd point; mais ils peuvent n'avoir pas les mêmes moyens de la manifester, par suite de l'imperfection de leurs organes.

D. Les êtres qui habitent les différents mondes ont-ils des corps semblables aux nôtres?

R. Evidemment ils ont des corps ; mais ces corps sont plus ou moins matériels, selon les Esprits qui les animent et les mondes qu'ils habitent.

D. Qu'est-ce qui détermine généralement la nature du corps dont l'Esprit se revêt?

R. Le périsprit qui attire à lui des molécules identiques à sa constitution.

D. D'où vient que la forme corporelle est ici-bas si imparfaite?

R. De l'ignorance et des imperfections morales. L'homme, à mesure qu'il s'éclairera et deviendra meilleur, s'assimilera des fluides analogues à sa nature. Dès lors, une matière moins grossière se mettra en harmonie avec son Esprit, avec la pureté de ses goûts et de ses sentiments.

D. Est-il des mondes où l'Esprit n'aurait pour enveloppe que son périsprit?

R. Oui; et cette enveloppe devient tellement éthérée qu'elle est, relativement à nos sens, comme si elle n'existait pas. C'est l'état des purs Esprits.

D. Les purs Esprits habitent-ils des mondes spéciaux ou bien sont-ils dans l'espace universel?

R. Les purs Esprits habitent certains mondes, mais ils n'y sont point confinés. Ils peuvent aller partout.

Mondes inférieurs et mondes supérieurs.

D. Peut-on se faire une idée de la différence qui existe entre la terre et les mondes plus inférieurs?

R. Les êtres qui habitent ces mondes sont en quelque sorte rudimentaires; ils ont la forme humaine, mais sans beauté; la force brutale est leur seule loi. L'intuition plus ou moins développée d'un être suprême suffit néanmoins pour les rendre supérieurs les uns aux autres.

D. Quelles sont les conditions de la vie morale et matérielle des mondes supérieurs à la terre?

R. Ces mondes jouissent d'un bonheur qui dépasse de beaucoup notre idéal. La forme du corps est là, comme partout, la forme humaine, mais embellie et purifiée. Ces êtres fortunés sont exempts des misères qu'engendre la matière, et les corps, presque fluidiques, glissent, rasant le sol au lieu de le fouler. Dans ces mondes bénis, la mort est considérée comme une transformation heureuse, et les relations de peuple à peuple ne sont jamais troublées. La supériorité morale et intellectuelle établit seule la différence des conditions et donne la suprématie.

D. L'état physique et moral des êtres vivants est-il perpétuellement le même dans chaque globe?

Non; les êtres, comme les mondes, sont soumis à la loi du progrès. La terre, elle-même, deviendra un paradis terrestre, lorsque les hommes seront devenus bons.

Transmigration progressive.

D. Quel est l'état de l'âme à sa première incarnation?

R. Un état d'enfance : elle s'essaie à la vie.

D. Les âmes des peuples sauvages sont-elles à l'état d'enfance?

R. Enfance relative : les sauvages ont des passions.

D. Les passions sont donc un signe de développement ?

R. De développement, oui, mais non de perfection ; elles ne sont qu'un signe d'activité et de la conscience du Moi.

D. Les premiers progrès de l'Esprit sont-ils rapides ?

R. Ils ne s'accomplissent, au contraire, que lentement, parce qu'ils ne sont pas encore secondés par la volonté.

D. Pourrait-on, dès cette vie, par une conduite parfaite, franchir tous les degrés et devenir pur Esprit ?

R. L'homme peut devenir si parfait que le comporte sa nature terrestre, mais ce n'est point la perfection absolue. Pour atteindre le haut de l'échelle, il faut progresser en science comme en moralité et une existence est loin d'y suffire.

D. S'il faut progresser en science comme en moralité, pourquoi Jésus a-t-il dit : « Bienheureux les pauvres d'esprit ? »

R. Jésus a voulu dire que nul n'est admis au royaume des cieux sans la simplicité du cœur et l'humilité de l'esprit (1).

D. Pourquoi ces deux vertus, jointes à la bonté,

---

(1) S'il eût qualifié de bienheureux les hommes dépourvus d'intelligence, l'étude, le travail et le progrès n'avaient plus de raison d'être. Nous lisons pourtant dans la Bible : « Le cœur du sage cherche l'instruction, la bouche des insensés se repaît d'ignorance. » (Prov., XV, 14.)

ne suffisent-elles pas au bonheur de la vie d'outre-tombe?

R. Parce que les jouissances de l'Esprit sont relatives à l'étendue de ses conceptions. Or, plus il sait, plus il est heureux.

D. *Quel effet produit sur l'Esprit le développement d'une faculté de l'intelligence sans progrès parallèle des vertus morales?*

R. Cette absorbante prédomination paralyse ses forces périspritales, entrave sa marche en lui faisant oublier le but du travail imposé à l'homme.

Sort des enfants après la mort.

D. *L'Esprit d'un enfant est-il aussi avancé que celui d'un adulte?*

R. Beaucoup plus quelquefois. L'esprit d'un enfant peut être plus avancé que celui de son père.

D. *L'enfant qui meurt avant d'avoir pu faire du mal appartient-il aux degrés supérieurs?*

R. S'il n'a pas fait de mal, il n'a pas fait de bien, et Dieu ne saurait l'affranchir des épreuves qui doivent le purifier.

D. *C'est donc une erreur de considérer l'enfance comme un état de pureté?*

R. Si l'enfant est pur, ce n'est point parce qu'il est enfant, mais parce qu'il est plus avancé. Un enfant peut avoir beaucoup à expier, et l'on a tort parfois de dire de celui qui meurt prématurément: « C'est un ange de plus au ciel. »

D. Pourquoi dès l'enfance la vie est-elle souvent interrompue?

R. La courte durée de la vie peut être le complément d'une existence brisée, et la mort de l'enfant est souvent une épreuve ou une expiation pour les parents.

D. Que devient l'Esprit d'un enfant mort en bas âge?

R. Il commence une existence nouvelle, s'il n'est pas encore assez pur.

Sexe chez les Esprits.

D. Les Esprits sont-ils de différents sexes?

R. Non : les sexes dépendent uniquement du corps. Il y a entre les Esprits sympathie et amour, fondés sur la similitude des ~~sensations~~. *sentimen[ts]*

D. L'Esprit qui se réincarne peut-il animer le corps d'un homme, s'il a déjà animé celui d'une femme et réciproquement?

R. Oui, les mêmes Esprits animent les hommes et les femmes. L'homme, par cela seul, est intéressé à placer la femme au rang où elle a droit d'aspirer.

D. Pourquoi les Esprits prennent-ils, en s'incarnant, tantôt un sexe, tantôt un autre?

R. Parce que pour chaque sexe, comme pour chaque position sociale, il est des devoirs et des épreuves d'une nature toute particulière.

Parenté, filiation.

D. Puisque nous avons eu plusieurs existences, la parenté remonte-t-elle au-delà de notre vie actuelle ?

R. Il n'en peut être autrement : de là des sympathies entre nous et certaines personnes qui nous paraissent étrangères.

D. Aux yeux de quelques-uns la doctrine de la réincarnation semble détruire les liens de famille, ou du moins les affaiblir en les multipliant ; cette opinion aurait-elle quelque raison d'être ?

R. Au lieu de les détruire, elle les étend et les rend plus intimes par le retour des mêmes Esprits dans leurs familles.

D. De ce qu'il pourrait n'y avoir pas filiation entre les Esprits d'une même famille, s'en suit-il que le culte des ancêtres soit une chose sans raison d'être ?

R. Assurément non, car ce sont de nouveaux liens qui peuvent devenir très sympathiques, et l'on doit être heureux d'appartenir à une famille dans laquelle des Esprits élevés se sont incarnés.

D. Les ancêtres sont-ils honorés du culte qu'on leur rend ?

R. Oui, lorsqu'on s'efforce de suivre les bons exemples qu'ils ont donnés, sans s'enorgueillir de leur illustration.

Similitudes physiques et morales.

D. Les parents transmettent-ils à leurs enfants une ressemblance morale?

R. Non; le corps procède du corps, mais l'Esprit ne procède pas de l'Esprit.

D. D'où viennent alors les ressemblances morales qui existent entre les parents et leurs enfants?

R. Les uns comme les autres sont des Esprits sympathiques, attirés par la similitude de penchants.

D. L'organisme n'exerce-t-il absolument aucune influence sur cette ressemblance morale?

R. Parfois la conformité d'organes aide l'enfant à manifester des aptitudes, des sentiments sympathiques à ceux de sa famille.

D. Pourquoi les qualités des parents n'attirent-elles pas toujours chez leur enfant un Esprit bon et sympathique?

R. Un mauvais Esprit peut demander quelquefois, et obtenir de bons parents dans l'espoir que leurs conseils le feront marcher dans une meilleure voie.

D. D'où vient la similitude de caractère qui existe souvent entre deux frères, surtout chez les jumeaux?

R. Ce sont des Esprits sympathiques, heureux d'être ensemble.

D. D'où vient encore que certains jumeaux éprouvent de l'aversion l'un pour l'autre ?

R. Des Esprits mauvais peuvent vouloir lutter ensemble sur le théâtre de la vie.

D. Comment peut-on expliquer le caractère distinctif de chaque peuple ?

R. En le considérant comme une grande famille où viennent s'incarner des Esprits unis par la similitude de goûts et animés des mêmes sentiments.

D. Les qualités de l'Esprit modifient-elles les organes ?

R. Beaucoup ; souvent elles impriment à la figure même, à l'ensemble des manières un caractère distinctif.

Idées innées.

D. L'Esprit incarné conserve-t-il quelque trace des connaissances acquises dans les existences antérieures ?

R. Il lui reste un vague souvenir auquel la philosophie a, depuis longtemps, donné le nom d'idées innées.

D. Est-ce donc là l'origine des facultés qui, sans études préalables, sont réellement l'intuition de certaines choses, comme les langues, le calcul, la poésie, les beaux-arts, etc. ?

R. Oui, c'est le progrès antérieur de l'âme, le souvenir du passé dont on n'a pas conscience.

D. Il doit y avoir, par suite, une grande connexion entre deux existences successives?

R. Pas toujours, car les positions sont souvent différentes, et dans l'intervalle le progrès peut s'accomplir. D'ailleurs des facultés peuvent sommeiller, mais l'Esprit, après l'épreuve, se retrouve ce qu'il était avant que la matière vint paralyser ses moyens (1).

D. Est-ce à un souvenir du passé que sont dues certaines croyances, telles que l'intuition du monde invisible, de la transmigration des âmes, etc.?

R. Elles n'ont pas d'autre cause : ces souvenirs, quoique vagues et confus, ne sont point des rêves de l'imagination, bien que parfois ils soient faussés, dénaturés par la superstition, l'ignorance et le préjugé.

(1) Quand le voile de la chair tombera chez certains hommes, on sera fort étonné, dans le monde spirite, de retrouver en eux des auteurs, des poètes distingués, des artistes de mérite, dont les facultés étaient demeurées latentes.

CHAPITRE IV.

Vie spirite.

Esprits errants. — Mondes transitoires. — Perceptions, sensations et souffrances des Esprits. — Choix des épreuves. — Relations d'outre-tombe. — Rapports sympathiques et antipathiques des Esprits. — Souvenir de l'existence corporelle.

Esprits errants.

D. L'âme se réincarne-t-elle immédiatement après sa séparation du corps?

R. Quelquefois immédiatement; mais le plus souvent après des intervalles plus ou moins longs.

D. En est-il de même sur tous les globes?

R. Dans les mondes supérieurs, la réincarnation est presque toujours immédiate, car l'incarné y jouit de la plupart des facultés de l'Esprit.

D. Que devient l'âme dans l'intervalle des incarnations?

R. Esprit errant, qui aspire après sa nouvelle destinée.

D. Quelle peut être la durée de ces intervalles?

R. De quelques heures à quelques milliers de siècles : c'est une conséquence du libre arbitre.

D. *Les Esprits restent-ils volontiers à l'état errant?*

R. Cela dépend de leur situation. Certains croient à l'éternité des peines et pour eux c'est un châtiment; d'autres désirent rester libres pour suivre des études qui ne peuvent se faire avec fruit qu'à l'état d'Esprit.

D. *De quelle manière les Esprits errants s'instruisent-ils?*

R. Ils étudient leur passé; ils voient, observent toutes choses, écoutent les discours des hommes éclairés et les avis des Esprits plus élevés qu'eux.

D. *L'erraticité est-elle par elle-même un signe d'infériorité?*

R. Non; il est des Esprits errants de tous les degrés et l'incarnation n'est qu'un état transitoire.

D. *Peut-on dire que tous les Esprits non incarnés soient errants?*

R. Ceux qui doivent se réincarner, oui; mais les purs Esprits ne sont pas errants : arrivés à la perfection, leur état est définitif.

D. *Les Esprits conservent-ils quelques-unes des passions humaines?*

R. Les Esprits inférieurs seuls les conservent; ceux du second ordre travaillent à s'en détacher.

D. *Quelle est la position de ceux qui pendant leur existence corporelle furent sans vices ni vertus, et, par conséquent, peu soucieux de leur vie future?*

R. Incertains de leur avenir, ils restent indifférents et gardent les idées qu'ils avaient sur la terre, jusqu'à ce que Dieu permette aux bons Esprits de les arracher à leur somnolence.

D. Les Esprits progressent-ils à l'état errant?

R. Celui qui le veut le peut; mais dans l'existence corporelle seulement, il met en pratique les idées qu'il a acquises dans la vie spirite.

D. Les poètes, les savants, les artistes, etc., peuvent-ils dans l'erraticité acquérir une plus grande somme de talent?

R. Sans doute, Dieu peut leur accorder cette récompense, s'ils ont fait bon usage de leurs facultés dans une vie antérieure.

Mondes transitoires.

D. Existe-t-il des mondes servant de station et de lieu de repos aux Esprits errants?

R. Oui; ce sont des mondes intermédiaires où certains Esprits vont puiser de nouvelles forces.

D. Les mondes transitoires sont-ils par leur nature perpétuellement affectés aux Esprits errants?

R. Non; cet état n'est que temporaire.

D. Sont-ils, en même temps, habités par des êtres corporels?

R. Il ne peut en être ainsi : le sol en est stérile.

D. Cette stérilité est-elle permanente et tient-elle à leur nature spéciale?

R. Ils sont stériles par transition.

D. Puisque l'état de ces mondes est transitoire, en sera-t-il de même un jour de notre terre?

R. Non; elle l'a été pendant sa formation.

Perceptions, sensations et souffrances des esprits.

L'âme arrivée dans le monde des Esprits a-t-elle les perceptions qu'elle avait auparavant?

R. Oui, et d'autres qu'elle ne soupçonnait pas, car son corps était comme un brouillard qui les obscurcissait.

D. *Jouit-elle toujours de toutes celles qu'elle possède?*

R. C'est selon : elles lui sont entièrement retirées, si elle en a fait un coupable abus, et n'en reprend possession qu'après avoir réparé sa faute.

D. *Les perceptions et les connaissances des Esprits sont-elles indéfinies?*

R. Leur développement n'a point de bornes.

D. *Doit-on ajouter foi à tout ce que disent les Esprits?*

R. Non : on ne doit jamais perdre de vue qu'il en est de menteurs et de forts ignorants.

D. *Ont-ils la connaissance du passé et cette connaissance est-elle sans limite pour eux?*

R. Ils se rappellent des choses qui s'effacent pour nous, parce que la matière alourdit notre intelligence. A leurs yeux le passé est un présent que le souvenir fait revivre.

D. *L'avenir est-il connu des Esprits?*

R. Cela dépend de leur degré de perfection. Souvent ils ne font que l'entrevoir ; quelquefois il ne leur est pas permis de le révéler.

D. *Mais l'âme peut-elle voir ce que Dieu lui prépare?*

R. Une telle faveur ne peut-être accordée qu'après bien des existences fructueusement employées.

D. *Les Esprits, arrivés à la perfection qu'ils doivent atteindre, ont-ils une connaissance parfaite de l'avenir?*

R. A Dieu seul il appartient de le connaître tout entier.

D. *Les Esprits voient-ils Dieu?*

R. Les Esprits supérieurs seuls le voient et le comprennent, les inférieurs le sentent et le devinent.

D. *Les avertissements divins donnés à un Esprit inférieur lui viennent-ils directement de Dieu?*

R. Non, Dieu ne lui transmet ses ordres que par un Esprit élevé.

D. *Les Esprits ont-ils besoin de la lumière pour voir?*

R. Dans le monde qu'ils habitent, il n'est point de ténèbres, hormis celles où ils peuvent se trouver par expiation.

D. *Peuvent-ils voir simultanément dans deux directions opposées?*

R. L'Esprit épuré se transporte en un clin d'œil d'un endroit à l'autre, et peut rayonner en même temps de divers côtés.

D. *Voit-il, entend-il aussi distinctement que nous?*

R. Bien plus distinctement, car ses perceptions ne sont pas localisées comme celles de l'incarné.

D. *Puisque elles sont les attributs de l'Esprit lui-même, est-il permis à ce dernier de s'y soustraire?*

R. Il ne voit et n'entend que ce qu'il veut; mais des Esprits imparfaits entendent et voient souvent, malgré eux, ce qui peut être utile à leur amélioration.

D. *Les Esprits sont-ils sensibles à la musique?*

R. Oui : l'harmonie des mondes, se mouvant dans l'espace, les plonge en des ravissements dont nous ne pouvons nous faire une idée.

D. *Eprouve-t-ils la fatigue et le besoin de repos?*

R. L'Esprit se repose quand sa pensée, moins active, ne se porte pas sur un objet déterminé. Plus il est élevé, moins le repos lui est nécessaire.

D. *Lorsqu'un Esprit dit qu'il souffre, quelle nature de souffrance éprouve-t-il?*

R. Parfois des souffrances physiques, provenant de la matérialité de ses fluides; mais les angoisses morales le torturent plus douloureusement encore.

Choix des épreuves.

D. *Avant d'entrer dans une nouvelle existence corporelle, l'Esprit est-il libre de choisir ses épreuves?*

R. Oui, s'il est en état de juger de ce qui convient à son avancement; mais s'il n'est pas assez élevé pour faire lui-même ce choix, il est conseillé par des Esprits supérieurs.

D. *Qu'advient-il s'il repousse leurs conseils?*

R. Tôt ou tard une force invincible l'entraîne

dans une incarnation pénible, douloureuse, qu'en son ignorance des causes, il nommera mauvaise étoile, fatalité.

D. L'Esprit qui se réincarne volontairement est-il toujours fidèle à ses bonnes résolutions?

R. Souvent il faillit à l'épreuve; mais Dieu lui donne constamment le moyen de réparer ses fautes dans une nouvelle existence.

D. Si l'Esprit a le choix du genre d'épreuve qu'il doit subir, s'ensuit-il que toutes les tribulations qu'il éprouvera dans la vie ont été prévues et choisies par lui?

R. Il a choisi le genre d'épreuve; les faits de détail sont la conséquence de sa position et souvent de ses propres actes.

D. Ne semble-t-il pas naturel de choisir les épreuves les moins pénibles?

R. Pour nous, oui; pour l'Esprit, non. Dégagé de la matière, l'illusion cesse : avant tout, il veut avancer.

D. Beaucoup de gens aiment les grandeurs et les richesses; quel avantage peut y trouver l'Esprit comme épreuve ou comme expiation?

R. Aucun, s'il n'est pas encore assez fort. Il ne devrait tenter cette épreuve qu'en se sentant vraiment détaché des biens terrestres.

D. Un homme appartenant à une race civilisée pourrait-il, par expiation, être réincarné dans une race sauvage?

R. Sans contredit; mais il pourrait aussi choisir

cette position pour exercer son influence sur ce peuple et le faire avancer.

D. Peut-on nommer épreuve la vie des heureux du monde à qui tout réussit et semble sourire?

R. Non certainement, si leurs joies leur font oublier ici-bas les résolutions prises à l'état d'Esprit ; mais, rentrés dans la vie spirite, ils demanderont à réparer le temps perdu.

D. S'il en est ainsi, ceux qui souffrent dans l'incarnation ne devraient donc jamais se plaindre de leur sort?

R. Lorsqu'on sera assez éclairé sur la cause des maux de l'humanité, la résignation sera plus grande ou l'épreuve moins rude.

D. L'Esprit a-t-il constamment des épreuves à subir jusqu'à ce qu'il arrive à l'état de pureté parfaite?

R. Oui ; mais à un certain degré de perfection ses épreuves n'ont rien de pénible.

Révélations d'outre-tombe.

D. Y a-t-il parmi les Esprits hiérarchie de pouvoir, c'est-à-dire subordination et autorité?

R. Très grande et fort tranchée. Cette autorité s'exerce par un ascendant moral irrésistible.

D. La puissance, la considération, le rang dont un homme a joui sur la terre lui donnent-ils une suprématie dans le monde spirite?

R. Non : le titre n'est rien, la supériorité intellectuelle et morale est tout.

D. Les Esprits des différents ordres sont-ils confondus ?

R. Nullement : ils se distinguent les uns des autres. C'est tout un monde dont le nôtre est le reflet obscurci.

D. Les Esprits peu avancés peuvent-ils voir les Esprits supérieurs ?

R. Non pas d'une manière permanente : la grossièreté de leurs fluides s'y oppose ; mais ils les voient quand les Esprits supérieurs en reconnaissent l'utilité.

D. Comment les Esprits communiquent-ils entre eux ?

R. Par le fluide universel.

D. Les Esprits peuvent-ils se dissimuler réciproquement leur pensée ?

R. Les Esprits inférieurs ne le peuvent pas toujours, les Esprits supérieurs le jugent inutile.

D. Les Esprits se reconnaissent-ils pour avoir cohabité la terre ? Le fils reconnaît-il le père, l'ami son ami ?

R. Parfaitement, et ainsi de génération en génération.

D. Comment l'âme est-elle accueillie en entrant dans la vie d'outre-tombe ?

R. Celle du juste avec amour, celle du méchant avec mépris.

D. Tous les Esprits ont-ils réciproquement accès les uns auprès des autres?

R. Les bons vont partout exercer leur influence; mais les régions qu'ils habitent sont interdites aux Esprits imparfaits.

D. Les Esprits qui sur terre eurent même position peuvent-ils se voir autant qu'ils le désirent?

R. Le plus avancé peut voir son inférieur sans en être vu, et c'est une punition pour ce dernier.

D. La privation de la vue des parents et amis est donc une douleur dans la vie d'outre-tombe?

R. Elle est grande, surtout pour l'Esprit qui a des torts à se reprocher à leur égard.

Rapports sympathiques et antipathiques des Esprits.

D. Outre la sympathie générale, provenant de la similitude, les Esprits ont-ils entre eux des affections particulières?

R. Absolument comme les hommes; mais le lien qui unit les Esprits est plus fort, par celà même que la mésintelligence ne saurait atteindre ceux qui se sont dépouillés des passions terrestres.

D. Quel sentiment éprouvent, après la mort, ceux auxquels nous avons fait du mal ici-bas?

R. S'ils sont bons, ils pardonnent; s'ils sont mauvais, ils conservent leur ressentiment, et peuvent même, après nous avoir fait souffrir dans l'espace, nous poursuivre dans un autre existence.

D. L'affection que deux êtres se sont portée sur la terre se continue-t-elle dans le monde des Esprits?

R. Oui, si elle est fondée sur une sympathie véritable; mais si les causes physiques y ont plus de part, elle cesse avec la cause.

D. Les âmes qui doivent s'unir sont-elles prédestinées à cette union dès leur origine?

R. Non; l'union existe entre tous les Esprits : plus ils sont parfaits, plus ils sont unis.

D. La sympathie parfaite consiste-t-elle dans la similitude de pensées et de sentiments?

R. Elle consiste surtout dans l'égalité du progrès.

Souvenir de l'existence corporelle.

D. L'Esprit se souvient-il de son existence corporelle?

R. Ce souvenir lui revient peu à peu, à mesure qu'il y fixe son attention.

D. Reconnaît-il bientôt les causes de sa dernière union avec la matière et celles de ses souffrances passées?

R. Oui, si son intelligence est assez développée. En ce cas, le tableau de chacune de ses vies se peint graduellement à ses yeux et lui fait constater ses progrès.

D. Tous les Esprits se rendent-ils un compte exact de la vie corporelle qui vient de s'écouler pour eux?

R. L'Esprit dématérialisé ne s'occupe que des

faits principaux qui l'ont aidé à s'élever. Quant aux Esprits errants, il en est parmi eux qui oublient jusqu'au nom des personnes qu'ils ont aimées.

D. Celui qui se rappelle est-il sensible au souvenir que sur terre on a conservé de lui?

R. Très sensible : ce souvenir ajoute à son bonheur ou adoucit sa souffrance.

D. Les Esprits s'intéressent-ils encore à ce que font les incarnés, aux travaux qui s'accomplissent sur la terre, au progrès des arts et des sciences?

R. Les Esprits d'un ordre élevé n'y attachent de l'importance qu'en vue de l'avancement de l'humanité ou des êtres qu'ils affectionnent. Ceux du second ordre voient les choses de plus haut que lorsqu'ils étaient sur la terre, et les Esprits vulgaires, qui constituent la masse de la population ambiante du monde invisible, prennent une part plus ou moins active à nos amusements, à nos causeries, à ces mille riens d'une vie le plus souvent oisive. Quant aux Esprits mauvais, ils jouissent de voir les hommes s'abandonner à leurs passions et les y excitent.

D. Les idées des Esprits se modifient-elles dans leur état incorporel?

R. Beaucoup. A mesure qu'ils se dématérialisent, ils voient plus clairement les choses. Il en est cependant qui gardent longtemps leurs idées terrestres.

D. D'où vient l'étonnement de l'Esprit en rentrant dans l'espace, puisqu'il y a déjà vécu?

R. Ce n'est que l'effet du trouble qui suit le réveil.

D. Les Esprits accueillent-ils avec reconnaissance la visite qu'on fait à leur tombeau et les fleurs qu'on y dépose?

R. Toute manifestation d'un sentiment vrai, affectueux, les attire et ils s'empressent de se rendre à cet appel du cœur, à ce témoignage d'une amitié fidèle.

D. Le respect instinctif que l'homme, dans tous les temps et chez tous les peuples, a témoigné pour les morts, est-il un effet de l'intuition de l'existence future?

R. C'en est la conséquence naturelle : sans cela ce respect serait sans objet.

CHAPITRE V.

Retour à la vie corporelle.

Prélude du retour. — Union de l'âme et du corps. — Facultés morales et intellectuelles. — Influence de l'organisme. — Idiotisme, folie. — De l'enfance. — Sympathies et antipathies terrestres. — Oubli du passé.

Prélude du retour.

D. Les Esprits connaissent-ils l'époque de leur réincarnation ?

R. Ils la pressentent comme l'aveugle sent le feu dont il s'approche; mais ils en ignorent l'heure précise.

D. Tous savent-ils qu'ils doivent se réincarner ?

R. Non; il en est à qui cette loi est inconnue et l'incertitude de leur avenir est une punition. D'autres, croyant vivre dans un corps charnel, se voient vieillir, appréhendent la mort : cette mort qui n'est autre, pour eux, que l'incarnation nouvelle dont ils sentent le prélude (1).

D. Les Esprits voient-ils arriver l'incarnation avec joie ou avec peine ?

R. L'Esprit matériel est parfois satisfait de ren-

(1) Cette sensation est un effet du trouble que subit à la mort l'Esprit matériel et qui parfois dure longtemps.

trer dans son élément, mais souvent il redoute l'épreuve; l'Esprit avancé la désire, bien qu'il reprenne avec répugnance les chaînes de l'esclavage.

D. *L'Esprit peut-il rapprocher ou retarder le moment de sa réincarnation ?*

R. Il peut le rapprocher en l'appelant de ses vœux; il peut aussi l'éloigner, s'il recule devant l'épreuve, mais il en souffre comme celui qui recule devant un remède salutaire.

D. *L'Esprit a-t-il le choix du corps dans lequel il doit entrer, ou seulement du genre de vie qui doit lui servir d'épreuve ?*

R. Il peut aussi choisir le corps : les imperfections de ce corps sont une épreuve.

D. *Pourrait-il au dernier moment refuser d'entrer dans ce corps qu'il a déjà choisi ?*

R. S'il refusait, il en souffrirait beaucoup plus que s'il n'avait fait aucune tentative.

D. *Le moment de l'incarnation est-il accompagné d'un trouble semblable à celui qui a lieu à l'heure de la mort ?*

R. Ce trouble est beaucoup plus grand. A la mort l'Esprit reprend sa liberté, à la naissance il redevient captif (1).

(1) Viendra le temps où l'on s'affligera devant un berceau et se réjouira devant un cercueil. Alors on comprendra les destinées de l'homme et l'on pourra dire avec Euripide :

« Qu'un jour à nos amis un enfant vienne à naître,
» Loin de fêter ce jour, ainsi qu'un jour heureux,
» On devrait, au contraire, en pleurer avec eux »

D. Des Esprits amis l'accompagnent-ils jusqu'à son entrée dans la vie corporelle ?

R. Il en est qui l'accompagnent et souvent même le suivent en s'incarnant aussi.

Union de l'âme et du corps

D. A quel moment l'âme s'unit-elle au corps ?

R. L'union commence à la conception, mais elle n'est complète qu'au moment de la naissance.

D. Comment s'opère cette union ?

R. Par un lien fluidique émanant du périsprit. Ce lien unit l'Esprit au corps qui lui est destiné, et va se resserrant jusqu'à l'instant ou l'enfant voit le jour.

D. L'union de l'Esprit à ce corps est-elle définitive ?

R. Elle l'est en ce sens qu'un autre Esprit ne pourrait le remplacer ; mais s'il recule devant l'épreuve, il brise ses liens et l'enfant ne vit pas.

D. Si le corps que l'Esprit a choisi vient à mourir avant de naître, qu'elle peut être l'utilité d'une mort si prématurée ?

R. Les imperfections de la matière sont le plus souvent la cause de ces morts dont l'importance est presque nulle.

D. Dans l'intervalle de la conception à la naissance l'Esprit jouit-il de toutes ses facultés ?

R. Plus ou moins, selon l'époque; car il n'est pas encore incarné, mais attaché.

D. Dès l'instant où le lien périsprital s'unit à la matière en voie de formation, le trouble est-il toujours le même jusqu'à la naissance ?

R. Non : dans le trouble qui saisit l'Esprit, les idées de celui-ci s'effacent peu à peu ; mais il reprend quelque lucidité avant que le voile de la chair l'enveloppe entièrement (1).

D. Est-ce quand s'échappe le premier cri de l'enfant que s'éteint en lui toute lueur du passé ?

R. Oui ; il ne se souvient plus ; mais ce qui s'efface en sa mémoire y revient pendant le sommeil.

Facultés morales et intellectuelles.

D. D'où viennent à l'homme ses qualités morales, bonnes ou mauvaises ?

R. De l'Esprit incarné en lui.

D. Pourquoi des hommes très intelligents sont-ils quelquefois profondément vicieux ?

R. Parce que le progrès, ne s'accomplissant pas simultanément dans toutes les directions, peut dans une période être exclusivement intellectuel.

---

(1) Ce n'est pas une théorie, mais un fait confirmé par l'expérience. Cet instant lucide pour l'Esprit, dont la matière vient de se former, est un temps de repos qui lui permet de prendre les forces nécessaires pour le moment de sa naissance.

Influence de l'organisme.

D. L'Esprit, en s'unissant au corps, s'identifie-t-il avec la matière ?

R. Nullement : la matière n'est que l'enveloppe de l'Esprit, lequel garde distincts les attributs de la spiritualité.

D. Les facultés de l'Esprit s'exercent-elles en toute liberté après son union avec le corps ?

R. Non : ses facultés sont plus ou moins entravées, suivant qu'elles rencontrent, dans la matière qui lui sert d'instrument, une résistance plus ou moins grande.

D. Le libre exercice des facultés de l'âme serait donc subordonné au développement des organes et à leur degré de perfection ?

R. Oui ; comme le mérite d'un travail à la bonté de l'outil.

D. La diversité des aptitudes chez l'homme tient-elle uniquement à l'état de l'Esprit ?

R. Pas uniquement. L'Esprit peut être plus ou moins avancé, c'est là le principe. Or, ce ne sont point les organes qui donnent les facultés, mais les facultés qui poussent au développement des organes.

D. D'où vient que nos existences antérieures et notre vie de l'espace ne laissent aucune empreinte dans notre mémoire ?

R. La grossièreté du corps paralyse l'âme, étouffe

ses souvenirs, qui pourraient d'ailleurs entraver son progrès.

D. En sera-t-il toujours ainsi ?

R. Non : des corps moins matériels revêtiront plus tard nos âmes épurées, sans en oblitérer les perceptions : les liens seront plus légers.

Idiotisme, folie.

D. L'opinion d'après laquelle les crétins et les idiots auraient une âme d'une nature inférieure est-elle fondée ?

R. Non : ils ont une âme souvent plus intelligente qu'on ne pense, et qui souffre de l'insuffisance des organes.

D. Quel est le but de la providence en créant des êtres aussi disgraciés ?

R. Ce sont des Esprits en punition, des prisonniers rivés à leur chaîne.

D. D'après cela, les organes auraient donc une grande influence sur les facultés ?

R. Très grande sur leur manifestation ; mais ils ne donnent pas les facultés : là est la différence.

D. L'idiotisme peut-il être considéré comme un état pathologique ?

R. Oui, il a son siège dans les régions cérébrales.

D. Quel peut être le but de l'existence pour celui qui n'a le pouvoir de faire ni le bien, ni le mal ?

R. C'est un temps d'arrêt, une expiation imposée à l'abus de certaines facultés.

D. Un corps d'idiot peut-il renfermer un Esprit qui aurait animé un homme de génie dans une précédente existence ?

R. Oui : le génie devient parfois un fléau, et le plus grand de tous.

D. L'idiot à l'état d'Esprit a-t-il conscience de sa situation mentale ?

R. Oui : les chaînes qui entravent son essor lui font comprendre qu'il expie les fautes provenant des excès d'une liberté sans mesures ni frein (1).

D. Quelle est la cause de la folie ?

R. La folie, ainsi que l'idiotisme, a une autre cause infiniment plus fréquente que celle de l'imperfection ou de l'altération des organes. Cette cause nous la trouverons ci-après, dans une étude spéciale des lois psychiques.

De l'enfance

D. L'Esprit qui anime le corps d'un enfant est-il aussi développé que celui d'un adulte ?

R. Il peut l'être davantage, s'il a plus progressé ; mais les organes, peu exercés, l'empêchent de se révéler.

(1) La matière de l'idiot offre une telle résistance que la volonté de l'Esprit est complètement annulée.

D. L'Esprit incarné dans le corps d'un enfant pense-t-il comme un enfant ou comme un adulte ?

R. Comme un enfant; car le trouble qui suit l'incarnation l'empêche d'avoir la raison d'un adulte, et ne se dissipe qu'à mesure que le corps se développe.

D. A la mort de l'enfant l'Esprit reprend-il de suite sa vigueur première ?

R. Oui, s'il est assez dématérialisé; sinon, comme il advient toujours, il ne reprend sa lucidité que lorsqu'il n'existe plus de lien entre lui et le corps.

D. Souffre-t-il pendant l'enfance de la contrainte que lui impose la matière ?

R. Non, c'est un temps de repos nécessaire.

D. Quelle est l'utilité pour l'Esprit de passer par l'enfance

R. Il est plus accessible alors aux impressions qu'il reçoit et qui peuvent le faire avancer.

D. Qu'est-ce qui produit le changement de caractère à un certain âge, et particulièrement au sortir de l'adolescence ?

R. C'est l'Esprit reprenant sa nature et se montrant ce qu'il était. L'innocence d'un enfant cache souvent de terribles secrets.

D. D'où vient la différence de penchants et de sentiments qu'on remarque parfois chez les enfants d'une même famille ?

R. La nature des Esprits qui s'y sont incarnés rend compte de cette différence, bien qu'ils soient soumis à une éducation identique.

D. La faiblesse du jeune âge les rend-ils plus accessibles au progrès ?

R. Assurément ; dans un jeune corps ils deviennent plus flexibles, plus dociles aux conseils de l'expérience et de la raison.

Sympathies et antipathies terrestres.

D. Deux êtres qui se sont aimés peuvent-ils se retrouver dans une autre existence corporelle et se reconnaître.

R. Non pas se reconnaître, mais ils peuvent être attirés l'un vers l'autre et s'unir par les liens d'une indissoluble amitié (1).

D. Ne vaudrait-il pas mieux qu'ils se reconnussent ?

R. Cette reconnaissance aurait parfois des inconvénients plus grands qu'on ne croit, tant que les hommes ne seront pas meilleurs.

D. La sympathie a-t-elle toujours pour principe des relations antérieures ?

R. Non ; deux hommes qui se conviennent peuvent se rechercher naturellement.

D. D'où vient la répulsion instinctive que l'on éprouve pour certaines personnes à la première vue ?

R. Du choc d'Esprits antipathiques qui se devinent et se reconnaissent sans se parler.

---

(1) Dieu permet à ceux qui se sont aimés sur la terre, et qui ont été fidèles à sa loi, de s'y trouver pour s'aimer encore et travailler ensemble à leur avancement.

Oubli du passé.

D. Pourquoi l'Esprit incarné perd-il le souvenir de son passé.

R. Parce que sans le voile qui couvre certaines choses, l'homme en serait ou trop honteux ou parfois trop orgueilleux, et ces deux sentiments mettraient obstacle à son progrès.

D. Comment l'homme peut-il être responsable d'actes et racheter des fautes dont il n'a pas le souvenir ?

R. S'il n'en a point le souvenir, il n'en est pas moins coupable et astreint à l'expiation.

D. Ne serait-ce pas un avantage de connaître les vices ou défauts que lui imposent l'obligation de se réincarner ?

R. Qu'il étudie ses penchants, les misères auxquelles il est sujet, et il sera bientôt éclairé sur les causes de son retour dans la matière.

D. Dans les existences corporelles d'une nature plus élevée que la vôtre, le souvenir des vies antérieures est-il plus précis

R. Sans doute ; à mesure que le corps est moins matériel, on se souvient mieux. La grossièreté des organes est une entrave pour la mémoire.

CHAPITRE VI.

Emancipation de l'âme

Le sommeil et les rêves. — Visites spirites entre personnes vivantes. — Apparition de l'Esprit des vivants, hommes doubles. — Transfiguration. — Transmission occulte de la pensée. — Léthargie, catalepsie, morts apparentes. — Somnambulisme. — Extase. — Seconde vue.

Le sommeil et les rêves.

D. *L'Esprit incarné demeure-t-il volontiers sous son enveloppe corporelle ?*

R. Le prisonnier se plaît-il sous les verroux ?

D. *Il est pourtant bien des gens, et c'est le grand nombre, qui préfèrent rester ici-bas, malgré les appréhensions, les vicissitudes, les désenchantements de la vie ?*

R. L'Esprit avancé pense tout autrement, lorsque, dans le sommeil, il est dégagé de son corps.

D. *Pendant ce dégagement, l'Esprit repose-t-il comme le corps ?*

R. L'Esprit n'est jamais inactif. Alors que le corps sommeille, les liens qui les unissent l'un à l'autre sont relâchés, et l'Esprit, parcourant librement l'espace, entre en relation plus directe avec les autres Esprits.

D. Comment pouvons-nous juger de la liberté de l'Esprit pendant le sommeil ?

R. Par les rêves.

D. Quel est notre état dans les rêves ?

R. Un état semblable à celui dans lequel nous sommes d'une manière fixe après la mort.

D. L'Esprit peut-il retirer quelque avantage de la liberté dont il jouit pendant les rêves ?

R. Il est des rêves intelligents durant lesquels l'Esprit travaille à des ouvrages qu'il trouvera tout faits en rentrant dans la vie spirite.

D. Est-ce ainsi que nous pouvons nous expliquer comment des personnes ont parfois progressé dans un art, dans une science sans s'en être occupées depuis longtemps à l'état de veille ?

R. Oui ; l'Esprit laborieux, ardent, sentant le besoin d'agir, poursuit ses études sans être entravé par la matière ; et l'idée, le mot, le problème qu'il cherchait vainement la veille se présente spontanément à son réveil.

D. Les Esprits élevés, faisant partie des incarnés, ne se trouvent-ils pas en relation avec les Esprits de leur ordre, pendant que leur matière est plongée dans le sommeil ?

R. Le sommeil est la porte que Dieu leur ouvre pour communiquer avec leurs amis du ciel, en attendant d'être rendus à leur véritable patrie.

D. Alors que leur corps repose, où vont les âmes des hommes sensuels et grossiers ?

R. Il vont là où leurs ignobles penchants les attirent.

D. Pourquoi ne se rappelle-t-on pas toujours les rêves ?

R. Par cela même que le rêve n'étant que le souvenir de nos actes pendant le sommeil, sans le concours de nos organes, ceux-ci deviennent parfois, au réveil, un obstacle à la manifestation de ce souvenir. Plus l'Esprit se dégage, moins il se souvient.

D. S'il est vrai que pendant le sommeil des idées nous sont suggérées, des conseils nous sont donnés, à quoi cela sert-il, puisqu'ils s'effacent de notre mémoire ?

R. Si le plus souvent le corps oublie, il n'en est pas de même de l'Esprit, car l'idée reparaît au moment nécessaire, comme une inspiration soudaine.

D. Les rêves bizarres, dépourvus totalement de sens et de raison apparente, ont-ils quelque signification ?

R. S'ils sont invraisemblables, ils n'en sont pas moins l'effet de l'émancipation de l'âme et de ses communications avec le monde invisible.

D. Comment expliquer pourtant les divagations qui agitent parfois notre sommeil ?

R. Cela peut être tantôt un trouble de l'Esprit, un souvenir, mélange confus de certains évènements qui se sont accomplis dans nos existences passées, tantôt des choses que nous voyons mal, ou bien encore des tableaux fluidiques présentés à notre âme, le plus souvent par des Esprits méchants ou légers.

D. Faut-il toujours que le corps sommeille pour que l'âme s'affranchisse de ses liens ?

R. Dès qu'il y a prostration des forces vitales, l'âme reprend sa liberté (1).

Visites spirites entre personnes vivantes.

D. Du principe de l'émancipation de l'âme il semble résulter que le corps nous donne la vie de relation extérieure et l'âme de relation occulte : cela est-il exact ?

R. Parfaitement; ce sont deux phases de l'existence. Dans l'état d'émancipation la vie du corps cède à la vie de l'âme.

D. Deux personnes qui se connaissent, peuvent-elles se visiter pendant le sommeil ?

R. Oui, et beaucoup d'autres qui croient ne pas se connaître.

D. L'homme peut-il provoquer les visites spirites par sa volonté, se trouver en esprit, à l'heure du repos, avec

---

(1) A ce sujet, Saint-Athanase s'exprime en ces termes : « L'âme ne meurt pas, mais le corps meurt quand elle s'en éloigne. L'âme est à elle-même son propre moteur. Le mouvement de l'âme c'est sa vie. Lors même qu'elle est prisonnière dans le corps et comme attachée à lui, elle ne se rapetisse pas à ses étroites proportions, elle ne s'y renferme pas; mais souvent, alors que le corps est gisant, immobile et comme inanimé, elle reste éveillée par sa propre vertu.

(Saint Athan., oper., t. 1, p. 32.)

telle personne de son choix et lui communiquer ses idées?

R. Cela arrive parfois sans provocation ; mais les incarnés n'ont pas encore cette puissance de volonté. Toutefois la sympathie unit les âmes dans le sommeil, comme à l'état de veille.

Apparitions de l'Esprit des vivants, hommes doubles.

D. Puisque l'Esprit de l'incarné jouit dans son état de dégagement des mêmes facultés que l'Esprit libre, peut-il se rendre visible aux yeux d'un autre incarné pendant que celui-ci vit de la vie extérieure, c'est-à-dire de la vie des sens ?

R. Bien que ce phénomène soit rare, la condensation du fluide périsprital peut le produire, tel que chez le désincarné.

D. Le périsprit peut-il, en pareil cas, acquérir la tangibilité ?

R. Oui, momentanément ; car, isolée du corps, l'âme du vivant peut apparaître comme celle d'une personne morte, et avoir même toutes les apparences de la matérialité.

D. Ce phénomène n'a-t-il pas une désignation particulière ?

R. Il prend le nom de bi-corporéité. C'est le fondement de la croyance aux hommes doubles, c'est-à-dire à certains hommes, dont la présence peut être constatée simultanément à deux endroits différents : le corps d'une part, l'Esprit de l'autre (1).

(1) L'histoire ecclésiastique cite à ce sujet les apparitions de saint Antoine-de-Padoue, de saint Alphonse-de-Liguori, qui, pendant leur vie, se manifestèrent loin de leur corps.

D. Mais dans le cas où, gardant toute son activité, le corps agit en même temps que l'Esprit dont il est éloigné, quelle est l'intelligence qui l'anime? Comment peut-on définir ces deux personnalités si parfaites de ressemblance, et pourtant si distinctes l'une de l'autre?

R. C'est, d'un côté, l'âme même de l'incarné devenue visible et tangible; de l'autre, le corps habité momentanément et régi par l'Esprit protecteur.

Transfiguration.

D. L'homme dont le corps est parfaitement éveillé pourrait-il être vu sous une autre apparence que sa forme normale?

R. Oui : ce fait, si étrange soit-il, ne sort pas de l'ordre des lois naturelles. Il tient encore à l'émancipation de l'âme, rayonnant autour du corps dont-elle est dégagée.

D. Quelle est en cette circonstance le mode d'action du périsprit?

R. Il enveloppe la forme corporelle qui disparaît ainsi, comme plongée dans un brouillard.

D. Le corps fluidique peut-il subir, dans ce rayonnement extérieur, les mêmes modifications que s'il était éloigné de la matière?

R. Oui : toujours malléable, il se condense et peut à la fois changer d'aspect, devenir brillant, si tel est le pouvoir ou la volonté de l'Esprit. C'est ce qui constitue la transfiguration dont Jésus sur le Thabor fut l'un des plus mémorables exemples (1).

Transmission occulte de la pensée.

D. Peut-il y avoir communication entre les Esprits incarnés, si le corps est complètement éveillé?

R. Oui; c'est ainsi qu'on pressent, qu'on devine la pensée d'un autre incarné. Ce qu'on appelle pénétration n'a pas d'autre cause.

D. Pourquoi deux personnes parfaitement éveillées ont-elles souvent instantanément la même pensée?

R. Parce que, sympathiques l'une à l'autre, elles voient réciproquement leur pensée, même quand le corps ne dort pas.

Léthargie, catalepsie, morts apparentes.

D. Les léthargiques et les cataleptiques, alors qu'ils ne peuvent manifester leurs impressions, voient-ils généralement et entendent-ils ce qui se passe autour d'eux?

R. L'Esprit, dans la crise léthargique a conscience de son état, et de ce qui se fait ou se dit autour de lui ; mais il ne peut se manifester : les organes s'y refusent.

(1) Le corps, entouré du périsprit, donne ainsi à ce dernier plus de consistance pour se matérialiser, plus de facilité pour revêtir, accuser une forme nouvelle, mais passagère. Le périsprit peut même, en reprenant son invisibilité, rendre le corps également invisible, selon la loi qui régit le phénomène des apports. (Voir ci-après, la partie des médiums.)

D. Peut-il dans cet état se séparer entièrement du corps et y revenir ensuite?

R. Ce n'est pas ici le cas; il n'est point séparé du corps, mais il y a impuissance absolue de toute manifestation : c'est une suspension des forces vitales.

D. La suspension des forces vitales est-elle générale dans la léthargie?

R. Oui, elle a toutes les apparences de la mort, tandis que la catalepsie peut n'affecter qu'une partie des organes et laisser l'intelligence libre de se manifester.

D. Peut-on, par des soins donnés en temps utile, renouer des liens prêts à se rompre, et rendre l'existence à un être qui sans secours serait mort à tout jamais?

R. Oui sans doute, et c'est ce rappel à la vie qu'on a qualifié de résurrection.

D. Par quel moyen l'esprit du léthargique peut-il reprendre l'usage de ses sens?

R. Par une puissante émission fluidique qui rend au principe vital son activité et sa vigueur.

D. Qu'advient-il, si le périsprit du léthargique, par suite de la faiblesse et du relâchement des organes, finit par s'en détacher d'une manière absolue?

R. Aucune force alors, aucune vertu ne saurait l'y ramener; mais pour le retenir il eût suffi d'une transmission de fluide. Ce fluide eût ranimé le corps comme, sous un souffle puissant, une faible et pâle étincelle ravive le foyer qui s'éteint (1).

D. D'après cela, bien des personnes qu'on a cru mortes ne l'étaient donc pas?

R. Elles l'étaient de fait, puisque l'absence ou du moins l'insuffisance du fluide vital devait amener infailliblement la mort; mais jusque-là, le lien qui unit l'âme au corps n'étant pas entièrement rompu, la mort n'était qu'apparente et non réelle.

D. La léthargie et la catalepsie ont-elles le même principe?

R. Ce sont deux états de l'âme qui diffèrent l'un de l'autre; mais tous deux sont caractérisés par la perte momentanée du mouvement, à laquelle dans la catalepsie se joint la perte de la sensibilité.

D. Ces phénomènes sont-ils naturels?

R. La léthargie l'est toujours; mais la catalepsie est quelquefois spontanée. Elle peut-être provoquée, comme elle peut-être détruite par l'action magnétique.

---

(1) C'est ainsi que Jésus a ramené à la vie la fille de Jaïre, après avoir dit lui-même à ceux qui pleuraient auprès d'elle : « Cette fille n'est pas morte, mais elle dort. » (Saint Marc, chap. V, verset 39.)

La résurrection ou réveil de Lazare (a), celle du fils de la veuve de Naïm ne sont dues également qu'à la puissance fluidique dont Jésus était animé et sans laquelle, *sûrement*, le lien périsprital achevait de se rompre.

(a) Lazare, notre ami, dort, mais je m'en vais l'éveiller (saint Jean, XI, verset 11.

D. On a pourtant vu des cas de catalepsie durer des mois entiers; d'où vient qu'on n'a pu triompher de cette insensibilité du sujet cataleptique?

R. De l'ignorance des causes que la psychologie seule peut expliquer.

D. Qu'est-ce qui cause l'insensibilité du cataleptique?

R. L'éloignement de l'âme et l'inaction, en même temps, du principe vital (1).

D. Que faut-il donc faire pour rendre le malade à son état normal?

R. Il faut rappeler énergiquement l'Esprit qui a quitté son corps et s'en est éloigné; il faut le rappeler en demandant à Dieu l'aide des forces supérieures, c'est-à-dire des purs Esprits, pour le ramener dans sa matière (2).

D. Quelle différence doit-on établir entre la léthargie et la catalepsie?

R. Dans la catalepsie, c'est une émancipation de l'âme, une fuite de l'Esprit, abandonnant son corps, tandis que la léthargie le retient captif, en neutralisant l'action du principe vivifiant nécessaire à la matière pour recevoir l'impulsion de la force motrice.

---

(1) L'ensemble de ces deux causes, qui empêchent la matière d'agir, maintient les forces de celle-ci, en la nourrissant de sa propre substance, car la vie existe, quoique sans mouvement : elle est latente.

(2) Il est des cas où la catalepsie est le fait d'une obsession. L'obsesseur magnétise sa victime et, par sa force de volonté, tient son âme éloignée de ses organes.

ERRATA

Voir plus particulièrement l'erratum de la page 212.

Pages	Lignes	Au lieu de :	Lisez :
Préface vij	14	dont	donc
2	26	Etre	être
13	9	*évangile*	*Evangile*
35	16	relèvés	relevés
43	13	instantanment	instantanément
44	5	tont à coup	tout à coup
44	16	infiuence	influence
56	15	s'en suit-il	s'ensuit-il
60	7	existance	existence
63	1	esprits	Esprits
65	11	*éprouve-t-ils*	*éprouvent-ils*
82	19	ôtre	nôtre
89	4	communic tion	communication
103	21	anim	animé
157	2	comment	commet.
177	11	l'enveloppe	l'en enveloppe
175	13	esprit	Esprit
212	4	Nature des Esprits, leur origne, leur chute, *lisez* : Nature des Esprits.	

Leur origine est définie dans les trois règnes et autres chapitres. Leur chute s'explique par leur bannissement des mondes supérieurs où ils étaient incarnés. Ce furent des êtres avancés en intelligence qui vinrent se mêler aux races primitives de notre globe : la race adamique en est un exemple.

Cette expulsion de l'Esprit rebelle, contraint de quitter un séjour heureux, quoique habité par des êtres corporels, ne s'oppose nullement à la doctrine qui donne à l'âme le minéral pour point de départ dans sa marche progressive.

Ainsi donc, la chute de l'homme peut très bien se concilier avec son origine pour ainsi dire *minérale* (1), se rattachant à la théorie du transformisme darwinien.

Telle a été, sans aucun doute, la manière de voir de notre vénéré maître, Allan Kardec.

(1) Je parle ici au point de vue matériel, puisque l'âme est d'essence divine.

Somnambulisme.

D. Le somnambulisme naturel a-t-il quelque rapport avec le rêve? Comment peut-on l'expliquer?

R. C'est une indépendance de l'âme, plus complète que dans le rêve, un développement plus grand de ses facultés.

D. La lucidité somnambulique est-elle un signe de supériorité chez celui qui la possède?

R. Non : elle tient à l'organisme, car elle est tout à fait indépendante de l'état moral du sujet.

D. Dépend-elle uniquement de l'organisme?

R. Pas uniquement ; certaines dispositions physiques permettent à l'Esprit de se dégager plus facilement de la matière, mais son avancement intellectuel et moral lui donne les perceptions qui caractérisent sa spiritualité.

D. Comment se produit le somnambulisme?

R. Le somnambule agit en dehors de ses organes et leur donne, à l'aide du fluide périsprital dont il les sature, une vie pour ainsi dire artificielle.

D. Le somnambulisme appelé magnétique a-t-il du rapport avec le somnambulisme naturel?

R. C'est le même fait, si ce n'est qu'il est provoqué.

D. *Quelle est la nature de l'agent appelé fluide magnétique ?*

R. C'est le fluide vital, l'électricité animalisée, modification du fluide universel.

D. *Quelle est la cause de la clairvoyance somnambulique.*

R. L'Âme qui rayonne et voit en dehors du corps, comme l'Esprit désincarné.

D. *Comment le somnambule peut-il voir à travers les corps opaques ?*

R. Il n'y a de corps opaques que pour nos organes grossiers ; mais nous savons que pour l'Esprit il n'est point d'obstacle.

D. *Pourquoi le somnambule dit-il parfois qu'il voit par le front ou autres organes ?*

R. Parce que, imbu des idées matérielles, il ne comprend pas qu'il lui soit possible de voir sans le secours des sens.

D. *Comment le somnambule peut-il parler de choses qu'il ignore à l'état normal, souvent même au-dessus de son intelligence ?*

R. Parce que, dans l'état que l'on nomme crise, il se souvient de ce qu'il a acquis dans une existence précédente. Ces choses sont latentes dans son esprit.

D. *De quelle façon expliquer chez certains somnambules la vue à distance ?*

R. Par la faculté que l'Âme a, dans le somnambulisme, de se transporter sur les lieux qu'elle décrit.

D. *D'où vient que le somnambule peut éprouver dans son corps les sensations de chaud, de froid, selon le lieu où se trouve son âme ?*

R. C'est que l'âme transmet au corps ses sensations par le lien fluidique qui en est le conducteur.

D. *Comment, dans certains faits somnambuliques, le somnambule peut-il affronter des dangers auxquels il craindrait de s'exposer dans son état normal ?*

R. En ce cas, le fluide périsprital, fluide impondérable dont il enveloppe sa matière, le soutient; puis son esprit, agissant en dehors de ses organes, a plus d'assurance, et exerce sur eux un pouvoir plus grand, plus absolu, une force d'action plus puissante qu'en son état de veille.

D. *Le somnambule peut-il voir les Esprits ?*

R. La plus part les voient très bien : cela dépend du degré et de la nature de leur lucidité; mais ils les prennent parfois pour des êtres corporels.

D. *Puisque la clairvoyance est un état particulier au somnambule, pourquoi ne peut-il répondre à toutes les questions, et d'où vient qu'il ne parle pas toujours juste ?*

R. Parce qu'il n'est point donné aux Esprits imparfaits de tout voir et de tout connaître; parce qu'un incarné participe toujours à nos erreurs et à nos préjugés; que d'ailleurs des influences du monde invisible peuvent altérer sa lucidité.

D. Alors quelle confiance doit-on ajouter aux révélations d'un somnambule ?

R. Celle que peut donner l'étude sérieuse du spiritisme, seul moyen d'éviter les écueils contre lesquels on se heurte, si l'on n'a pour guide un Esprit élevé.

D. Quand le somnambule refuse de répondre, doit-on insister ?

R. Il faut s'en garder pour ne pas donner prise aux Esprits légers.

D. Si le somnambule ne peut tout dire, dans quel but Dieu a-t-il donné à l'homme la faculté somnambulique ?

R. Dans un but sérieux et utile, et non pour lui apprendre ce qu'il ne doit pas savoir.

D. Les facultés dont jouit le somnambule sont-elles les mêmes que celles de l'Esprit après la mort ?

R. Jusqu'à un certain point, car il faut tenir compte de l'influence de la matière.

D. L'étude du somnambulisme et du magnétisme peut-elle amener des résultats de quelque importance ?

R. D'une très grande importance. Leurs effets bien compris forment les éléments d'une science appelée à rendre de grands services à l'humanité, lorsque les idées fausses et ridicules, engendrées par l'ignorance, s'effaceront pour faire place à une observation sérieuse et intelligente des phénomènes.

Extase.

D. Quelle différence y a-t-il entre l'extase et le somnambulisme ?

R. L'extase est un somnambulisme plus épuré ; l'âme de l'extatique est encore plus indépendante.

D. L'extatique pénètre-t-il réellement dans les mondes supérieurs ?

R. Oui, il les voit ; et, enviant le bonheur de leurs habitants, il fait des efforts pour rompre les liens qui l'enchaînent ici-bas.

D. Qu'adviendrait-il si l'on abandonnait l'extatique à lui-même ?

R. Son âme pourrait définitivement quitter son corps : c'est pourquoi il faut lui faire comprendre quelles en seraient pour lui les funestes conséquences.

D. En quoi consistent-elles ?

R. A être longtemps éloigné du séjour auquel il aspire (1).

(1) Saint-Athanase dit aussi : « L'âme sortant de la ma-
» tière, quoique elle y tienne encore, conçoit et contemple
» des existences au-delà du globe terrestre ; elle voit les saints
» dégagés de l'enveloppe des corps ; elle voit les anges et monte
» vers eux. Tout à fait séparée du corps et lorsqu'il plaira à
» Dieu de lui ôter la chaîne qu'il lui impose, n'aura-t-elle pas
» une plus claire vision de son immortelle nature ? Elle
» comprend, elle embrasse en elle les idées d'éternité, les
» idées d'infini, parce qu'elle est immortelle. » (Sanct. Ath.
oper., t. 1, page 32.)

D. Il est des choses que l'extatique prétend voir et qui sont évidemment le produit d'une imagination frappée ; tout ce qu'il voit n'est donc pas réel ?

R. Ce qu'il voit est réel pour lui, car son esprit, dominé par des préjugés, peut les voir ainsi. Il faut encore se méfier des créations fluidiques qui peuvent lui être présentées par des Esprits trompeurs.

D. Quelles conséquences peut-on tirer du somnambulisme et de l'extase ?

R. La preuve de la dualité de l'être, ainsi que l'explication de plus d'un mystère que la raison cherche vainement à pénétrer, sans une étude sérieuse des facultés de l'âme.

Seconde vue.

D. Le phénomène désigné sous le nom de seconde vue offre-t-il quelque analogie avec le rêve et le somnambulisme ?

R. Il reconnaît la même cause : le dégagement de l'âme, bien que le corps ne soit pas endormi.

D. La seconde vue est-elle permanente ?

R. La faculté, oui, l'exercice, non. Le corps faisant moins obstacle dans les mondes moins matériels que le nôtre, l'exercice de cette faculté est continu chez la plupart de ceux qui les habitent (1).

(1) C'est par le don de seconde vue que Jésus possédait au suprême degré qu'il put voir le lien périsprital, *non totalement rompu* de ceux qu'il rendit à la vie. Par ce don s'explique aussi la pêche miraculeuse de laquelle parle saint

D. Les Esprits incarnés dans ces mondes peuvent-ils se manifester sur la terre ?

R. Oui, leur état normal peut être comparé à celui de nos somnambules lucides.

D. La seconde vue se développe-t-elle spontanément ou par la volonté ?

R. Le plus souvent elle est spontanée, mais la volonté peut aider à son développement.

D. Comment la seconde vue semble-t-elle héréditaire dans certaines familles ?

R Par la similitude d'organisation.

D. Est-il vrai que certaines circonstances développent la seconde vue ?

R. La maladie, l'approche d'un danger, une grande commotion peuvent la révéler.

D. Les personnes douées de la seconde vue en ont-elles toujours conscience ?

R. Pas toujours : c'est pour elles une chose toute naturelle.

D. Cette faculté peut-elle dans certains cas donner la prescience des choses ?

R. Sans aucun doute. Elle donne aussi le pressentiment, car elle a plusieurs degrés.

Jean, ch. XXI, v. 6. Maints passages des Évangiles prouvent que cette faculté se manifestait en Christ, sinon d'une manière permanente, du moins très fréquente, si l'on en juge par ces mots très souvent répétés : « *Jésus, connaissant leur pensée, leur dit :* etc. » et par ces autres paroles : « *Il connaissait par lui-même ce qu'il y avait dans l'homme.* » (Saint Jean, II, 25.)

D. Qu'est-ce qui fait que par le don de seconde vue on perçoit les choses absentes?

R. Une extension, un rayonnement du fluide périspritral, arrivant jusqu'à elles, les pénètre, et l'Esprit les voit comme par une sorte de mirage.

D. En résumé, peut-on dire que le somnambulisme naturel et artificiel; l'extase et la seconde vue ne sont que des variétés ou des modifications d'une même cause ?

R. Oui : tous ces phénomènes, ainsi que les rêves, sont dans la nature, et c'est pourquoi ils ont existé de tout temps.

CHAPITRE VII

Intervention des Esprits dans le monde corporel.

Pénétration de notre pensée par les Esprits. — Influence occulte des Esprits sur nos pensées et sur nos actions. — Possédés. — Convulsionnaires. — Affection des Esprits pour certaines personnes. — Anges gardiens ou Esprits protecteurs. — Esprits sympathiques et familiers, patrons. — Pressentiments. — Influence des Esprits sur les évènements de la vie. — Action des Esprits sur les phénomènes de la nature. — Les Esprit pendant les combats. — Des pactes. — Pouvoir occulte. — Talisman. — Sorciers. — Du miracle.

Pénétration de notre pensée par les Esprits.

D. *Les Esprits voient-ils tout ce que nous faisons?*

R. Ils peuvent le voir, puisque nous en sommes constamment entourés ; mais chacun ne voit que les choses sur lesquelles il porte son attention.

D. *Peuvent-ils connaître nos plus secrètes pensées ?*

R. Ils connaissent souvent ce qu'on voudrait se cacher à soi-même.

Influence occulte des Esprits sur nos pensées et sur nos actes.

D. Les Esprits exercent-ils une influence sur nos pensées et sur nos actions?

R. Oui, elle est plus grande que nous ne croyons.

D. Comment distinguer si une pensée suggérée vient d'un bon ou d'un mauvais Esprit?

R. A l'arbre on reconnaît le fruit, a dit Jésus.

D. A quel signe pouvons-nous juger si les pensées qui se révèlent à notre intelligence sont nos propres pensées?

R. La première qui se présente est toujours le fait d'une inspiration, la seconde vient d'une réflexion. Toute pensée soudaine est inspirée.

D. Les hommes d'intelligence et de génie puisent-ils toujours leurs idées dans leur propre fond?

R. Très souvent; mais en même temps ils sont inspirés par des Esprits qui les jugent dignes de les comprendre. Cette inspiration, qu'ils attendent, est l'effet d'une évocation dont ils n'ont pas conscience.

D. Pourquoi Dieu permet-il que des Esprits nous excitent au mal?

R. Les Esprits imparfaits sont les instruments destinés à éprouver la foi et la constance des hommes dans le bien.

D. Peut-on s'affranchir de l'influence des Esprits qui sollicitent au mal?

R. Oui : ceux dont l'influence est repoussée renoncent à leurs tentatives; cependant ils guettent toujours le moment favorable pour nous faire succomber (1).

D. Lorsqu'ils nous induisent au mal, remplissent-ils une mission ?

R. Nul n'a mission de faire le mal ; celui qui le fait agit par sa propre volonté, et il en subira les conséquences.

D. Les Esprits qui veulent nous exciter au mal ne font-ils que profiter des circonstances, ou bien peuvent-ils les faire naître ?

R. Ils profitent des circonstances, mais souvent ils les provoquent en nous poussant vers l'objet de notre convoitise.

D. L'action des Esprits est-elle aussi puissante sur les hommes que sur les autres Esprits ?

R. Plus puissante. Les hommes ont pour auxiliaires les passions matérielles qui les sollicitent et les entraînent au mal.

Possédés.

D. Un Esprit peut-il s'introduire dans un corps animé, et agir au lieu et place de l'incarné ?

R. Non : un Esprit ne peut se substituer à celui qui est lié à la matière ; mais il se pénètre de ses passions et de ses vices pour agir plus librement sur lui.

(1) Voilà pourquoi saint Paul a dit : « Ce n'est pas contre » des hommes de chair et de sang que nous avons à com- » battre, mais contre les Esprits de malice répandus dans » l'air. » (Aux Eph., ch. VI, v. 12.)

D. S'il n'y a pas possession proprement dite, l'âme peut-elle se trouver sous la dépendance d'un autre Esprit, à tel point que sa volonté soit en quelque sorte paralysée ?

R. Les preuves l'attestent : ce sont là les possédés dans toute l'acception du mot, mais cette domination ne s'exerce jamais sans la participation de celui qui la subit.

D. Quelles sont les causes de la possession ?

R. Le possédé lui-même qui semble l'appeler par sa faiblesse, par son désir, son indolence ou son orgueil. Quelquefois c'est une vengeance de l'Esprit, vieille rancune d'une vie antérieure.

D. Pourquoi la loi de Dieu n'interdit-elle pas aux Esprits malfaisants de subjuguer les hommes ?

R. Dieu laisse aux Esprits, comme aux hommes, le libre arbitre et les mauvais en profitent ; mais ils augmentent leur dette, qui rendra plus longue et plus rigoureuse l'expiation.

D. Il n'est donc pas exact de dire que le temps des démoniaques est passé, et que la venue du Messie a détruit l'empire de Satan ?

R. Où voit-on sa ruine ? Tant que le mal régnera sur la terre les hommes seront exposés à la haine des mauvais Esprits.

D. Ces cas de subjugation, autrement dit d'obsession, sont-ils fréquents?

R. Beaucoup plus qu'on ne pense. Que de prétendus hallucinés qui sont purement et simplement sous l'empire d'un méchant Esprit ! (1).

D. N'est-il pas des moments où le possédé ressent d'une façon plus directe la pression de son ennemi ?

R. Oui, celui-ci le jette parfois dans des crises qui le lui soumettent corps et âme, et l'on attribue cet état à des accidents nerveux.

D. Est-ce toujours l'obsession qui cause la folie?

R. La plupart du temps ; car il advient qu'un Esprit obsesseur, après s'être longtemps joué d'un incarné, l'avoir poussé à des excentricités simulant la folie, finit par attaquer son cerveau et le désorganiser.

D. La folie est-elle la seule forme que revêt l'obsession?

R. Elle se présente sous mille formes (2). Une observation attentive, secondée par les lumières du spiritisme, sera d'un grand secours pour distinguer le caractère de l'obsession, pour démasquer et vaincre l'obsesseur.

D. Ne peut-il arriver que la fascination exercée par le mauvais Esprit soit telle, que la personne subjuguée ne s'en aperçoive pas?

R. C'est un cas très fréquent; mais les gens de bien peuvent aider à faire cesser la sujétion, en appelant le concours des bons Esprits.

(1) Voir dans saint Marc, chap. V, v. de 1 à 15 et Act. des Ap. XIX, 16.

(2) Voir dans saint Luc, ch. XIII, v. 11, 12, 13, Femme courbée.

Les monomanes, certains paralytiques, certains catalepti-

D. Les formules d'exorcisme ont-elles quelque efficacité sur les mauvais Esprits ?

R. Elles sont parfaitement inutiles ; quand ces Esprits voient prendre la chose au sérieux, ils s'en rient et s'obstinent.

D. La prière est-elle un moyen pour guérir de l'obsession ?

R. La prière est d'un puissant secours en tout ; mais Dieu assiste ceux qui agissent et non ceux qui se bornent à demander (1).

Convulsionnaires.

D. Les Esprits jouent-ils un rôle dans les phénomènes qui se produisent chez les individus désignés sous le nom de convulsionnaires ?

R. Oui, très grand.

D. De quelle nature sont en général les Esprits qui concourent à ces sortes de phénomènes ?

R. Il en est de bons ou de mauvais, selon le but qui les fait agir ; mais ce rôle n'appartient pas aux Esprits d'un ordre supérieur.

D. Comment l'état anormal des convulsionnaires et des crisiaques peut-il subitement se développer dans une population ?

R. Par l'expansion des fluides de cette popula-

ques etc., sont des obsédés. L'épilepsie, du reste, est parfaitement décrite dans l'Évangile qui raconte comment Jésus chassa un démon du corps d'un enfant affligé de ce mal. (Voy. saint Marc, ch. IX, v. 17 et suivants).

(1) Il faut terrasser l'ennemi par la foi et les œuvres de la foi, qui sont la droiture de cœur et l'amour du prochain.

tion, lesquels attirent des fluides similaires, émanant d'Esprits de même nature. Ces derniers s'emparent des incarnés accessibles à l'influence régnante, qui plane comme un brouillard, et produisent les crises (1).

D. A quoi tiennent les facultés étranges que l'on remarque chez les convulsionnaires, telles que l'insensibilité physique, la pénétration de la pensée, la transmission sympathique des douleurs?

R. L'insensibilité physique tient à un état particulier du système nerveux, développé sous l'influence des Esprits, à la suite de la douleur, et qui opère le même effet que certaines substances.

D. Indépendamment de l'insensibilité physique, comment a-t-on vu des convulsionnaires ne garder aucune trace des coups ni des blessures qu'ils recevaient, et demander même qu'on les frappât plus fortement?

R. La vie étant complètement retirée de leurs corps, les coups ne pouvaient laisser ni meurtrissures ni lésions. L'âme, ainsi dégagée, était soustraite à la matière; mais, grossière par sa nature, elle souffrait sans elle, voulait vivre par elle, et n'aspirait qu'à en ressentir le contact. Pour ces êtres matériels c'était donc une jouissance, quand des coups vigoureux et redoublés finissaient par leur rendre évidente leur union avec les sens.

D. Bien que la vie, devenue latente dans les corps de ces âmes grossières, ne se fît sentir qu'au moyen

(1) On peut comparer les personnes prédisposées à recevoir cette influence à celles qui absorbent facilement les miasmes répandus dans une contrée où sévit une épidémie.

de la force brutale, ces corps ne risquaient-ils pas, comme toute matière, d'être broyés sous les coups ?

R. Jamais les coups dont les possédés furent frappés ne dépassèrent ce que la matière pouvait supporter; en outre, la nature du fluide mis en action pour produire ces sortes de crises est préservatif.

D. *A quelle cause peut-on attribuer la pénétration de la pensée ?*

R. A ce que l'Esprit ayant pris la place du corps, c'est-à-dire rayonnant à l'extérieur, perçoit et pénètre ce que la matière lui dérobe dans l'état normal. C'est en quelque sorte un état somnambulique.

D. *D'où vient la transmission sympathique des douleurs ?*

R. Elle vient soit des rapports fluidiques qui existent entre les convulsionnaires, soit de l'action des Esprits qui leur font éprouver à tous mêmes sensations, mêmes souffrances.

D. *Pourquoi l'autorité en certaines circonstances a-t-elle pu faire cesser de tels phénomènes ?*

R. Parce que s'imposant, parlant avec énergie, menaçant les crisiaques, elle agissait contre les fluides qui servaient d'agent. Cette volonté forte, opposée, manifeste troublait ces fluides, les désagrégeait, les dispersait. Ainsi, les éléments faisant défaut, les invisibles auteurs des manifestations étaient forcés d'y couper court.

Anges gardiens ou Esprits protecteurs.

D. Certains Esprits s'attachent-ils uniquement à un individu pour le protéger?

R. Oui : ce sont alors de bons génies, Esprits dévoués, éclairés, appelés plus spécialement anges gardiens.

D. Chaque ange gardien est-il attaché à l'individu depuis sa naissance?

R. Depuis sa naissance jusqu'à sa mort, et souvent il le suit, non seulement dans la vie spirite, mais encore dans plusieurs existences corporelles.

D. La mission de l'ange gardien est-elle volontaire ou obligatoire?

R. Elle devient obligatoire alors qu'il accepte cette tâche; mais il peut choisir l'incarné dont il se constitue le protecteur.

D. Par cela même qu'il s'attache à une personne, l'Esprit renonce-t-il à en protéger d'autres?

R. Non, mais il le fait moins exclusivement.

D. Abandonne-t-il le protégé rebelle à ses avis?

R. Il s'éloigne de lui; et, bien que ce dernier semble sourd à sa voix, il ne cesse de l'entendre au milieu de l'entraînement des passions.

D. Est-il possible à des Esprits vraiment élevés de s'astreindre à une tâche si laborieuse et de tous les instants?

R. Sans doute elle est pénible; mais, la distance n'existant pas pour l'Esprit, il influence nos âmes d'un monde à l'autre.

D. Quand l'Esprit protecteur laisse son protégé se fourvoyer dans la vie, est-ce impuissance de sa part?

R. Non, il le veut ainsi. L'homme sort des épreuves meilleur et plus instruit.

D. Arrive-t-il un moment où l'Esprit n'a plus besoin d'ange gardien?

R. Évidemment, mais ce n'est point sur cette terre.

D. Pourquoi l'action des Esprits sur notre existence est-elle occulte?

R. Parce que l'homme ne voyant pas son soutien, apprend à exercer ses forces et à les diriger. Il recueille ainsi tout le mérite de son progrès.

D. Parvenus à la vie spirite, reconnaîtrons-nous notre ange gardien?

R. Sûrement; nous pouvons même retrouver en lui un être bien-aimé, connu de nous avant notre incarnation.

D. Les anges gardiens appartiennent-ils tous à la classe des Esprits supérieurs?

R. L'élévation de chacun d'eux est proportionnée au degré d'avancement du protégé.

D. Les Esprits qui ont quitté la terre dans de bonnes conditions peuvent-ils protéger ceux qui leur survivent?

R. Leur pouvoir est plus ou moins restreint, car la position où ils se trouvent ne leur laisse pas toute liberté.

Esprits sympathiques et familiers. Patrons.

D. Qu'appelle-t-on Esprits sympathiques ?

R. Ce sont des Esprits qu'attirent à nous des affections particulières et une certaine similitude de goûts et de sentiments.

D. Il semblerait résulter de là que les Esprits sympathiques peuvent être bons ou mauvais ?

R. L'homme trouve toujours des Esprits qui sympathisent avec lui, quel que soit son caractère (1).

D. Les Esprits familiers sont-ils les mêmes que les Esprits sympathiques ?

R. Il est entre eux des nuances assez difficiles à saisir ; les Esprits familiers s'occupent plus volontiers des détails intimes de la vie. Leur pouvoir est assez borné, parce qu'en général ils sont peu avancés.

D. Que doit-on entendre par mauvais génie ?

R. C'est un Esprit imparfait ou pervers, qui s'attache à l'homme en vue de le détourner du bien.

D. Notre bon ou notre mauvais génie pourrait-il s'incarner pour nous accompagner dans la vie d'une manière plus directe ?

R. Cela a lieu parfois, mais souvent d'autres Esprits incarnés, qui leur sont sympathiques, agissent à leur place.

(1) Cependant un Esprit élevé s'attache parfois, par sympathie, à un incarné, bien que celui-ci lui soit de beaucoup inférieur.

D. Est-il des Esprits qui s'intéressent à toute une famille pour la protéger?

R. Oui, ce sont ces Esprits que les anciens appelaient dieux Lares ou Pénates (1).

D. Existe-t-il des Esprits sympathiques pour les multitudes?

R. Evidemment ; les peuples, les villes, les sociétés ont pour les Esprits la même puissance d'attraction, et ceux-ci exercent une grande influence sur leurs destinées. C'étaient les dieux tutélaires de l'antiquité.

D. A quel signe peut-on reconnaître la nature de la population occulte d'une nation?

R. Aux mœurs, aux habitudes, aux lois qui régissent cette nation.

D. Certains Esprits peuvent-ils aider au progrès des arts, en protégeant ceux qui s'en occupent?

R. Les Muses n'étaient autres que la personnification allégorique des Esprits qui protègent les lettres, les sciences, la poésie et les arts.

D. Il ne saurait donc exister de différence entre les divinités païennes d'un ordre supérieur et les patrons sous la protection desquels on se met aujourd'hui?

R. Non ; ce sont tous des Esprits élevés, vénérés sous d'autres noms, et auxquels une croyance différente prête des attributs différents.

(1) Les parents après leur mort, s'ils sont assez purs, continuent à veiller sur la famille qu'ils ont aimée, et vers laquelle souvent l'affection les attire.

Pressentiments.

D. Qu'est-ce que le pressentiment ?

R. C'est l'avertissement d'un Esprit qui nous veut du bien, ou le vague souvenir du choix relatif à l'épreuve que nous avons acceptée, quand elle est près de s'accomplir.

D. Si le pressentiment a toujours quelque chose de vague, que devons-nous faire dans l'incertitude où il nous plonge ?

R. Invoquer notre bon ange ou prier Dieu qu'il nous envoie un de ses messagers.

Influence des Esprits sur les événements de la vie.

D. Les Esprits exercent-ils une influence sur les destinées de l'humanité ?

R. Assurément, puisqu'ils nous conseillent.

D. Exercent-ils cette influence autrement que par les pensées qu'ils suggèrent ?

R. Ils ont aussi une action directe sur l'accomplissement des choses ; mais ils n'agissent jamais en dehors des lois de la nature.

D. Les Esprits moqueurs et légers sont-ils les auteurs de ce que l'on appelle vulgairement les petites misères de la vie humaine ?

R. Ils n'y sont pas tout à fait étrangers ; ce sont même quelquefois des ennemis que nous nous sommes faits pendant cette vie ou dans une vie antérieure.

D. Leur vengeance se poursuit-elle d'une existence à l'autre ?

R. Le fait existe. Certains cas pathologiques, semblables à des maladies héréditaires, n'ont point d'autres causes (1).

D. Les bons Esprits ont-ils le pouvoir de détourner les maux de certaines personnes, ou de répandre autour d'elles la prospérité ?

R. Dieu ne le permet pas toujours. Il est des maux qui sont dans les décrets de la providence et qui constituent l'épreuve.

D. D'où vient qu'en demandant certaines faveurs aux Esprits c'est parfois le contraire qui arrive ?

R. Ce qui nous semble un mal n'est, dans certaines circonstances, que le prélude d'un bien inespéré.

D. Les Esprits repoussent-ils nos vœux, si nous leur demandons les biens de ce monde ?

R. Oui, le plus souvent, comme nous repoussons la demande inconsidérée d'un enfant.

D. D'où naissent les obstacles qui semblent fatalement s'opposer à nos plans, à nos projets ?

R. Tantôt de l'épreuve choisie, tantôt de l'influence des Esprits ; mais trop souvent de la voie fausse dans laquelle nous marchons ou d'un défaut d'intelligence.

---

(1) Ainsi, un grand-père, par la loi de réincarnation, peut devenir à lui-même son petit-fils ; et un mauvais Esprit, après l'avoir tourmenté dans sa vie antérieure, le poursuivre encore dans sa vie actuelle. On croit alors que la maladie a franchi une génération.

Action des Esprits sur les phénomènes de la nature.

D. Les grands phénomènes de la nature, considérés comme une perturbation des éléments, ont-ils un but providentiel?

R. Tout a une raison d'être et rien n'arrive sans la permission ou la volonté de Dieu.

D. Certains Esprits n'exerceraient-ils pas une influence sur les éléments pour les agiter, les calmer et les diriger?

R. Il n'en saurait être différemment : Dieu a ses agents à tous les degrés de l'échelle des mondes.

D. L'empire que les dieux exerçaient jadis sur les éléments n'est donc pas une fable, et la mythologie des anciens ne serait pas ainsi dénuée de fondement?

R. Elle est encore bien au-dessous de la vérité. Ces dieux, représentés avec des attributions spéciales, étaient simplement les Esprits qui président à toutes choses.

D. En est-il parmi eux auxquels soient soumis les phénomènes géologiques?

R. Oui ; ils dirigent les mouvements internes du globe, bien qu'ils n'en habitent pas le centre.

D. Ceux qui ont une action directe ou indirecte sur ces phénomènes ont-ils été incarnés comme nous?

R. Ils le seront ou ils l'ont été.

D. Ces derniers appartiennent-ils aux ordres su-

périeurs de la hiérarchie spirite, ou bien sont-ils encore aux degrés les moins élevés ?

R. C'est suivant leur rôle plus ou moins matériel, plus ou moins intelligent ; les uns commandent, les autres exécutent.

D. Dans la production de certains phénomènes : des orages, par exemple, est-ce un seul Esprit qui opère ou se réunissent-ils en masse ?

R. En légions innombrables.

D. Quand ils agissent sur les éléments, est-ce en connaissance de cause ou par une impulsion instinctive ?

R. Les Esprits les plus arriérés exercent leur action à leur insu ; à mesure qu'ils avanceront, ils commanderont au monde matériel, et enfin au monde moral. C'est ainsi que marche le mécanisme de l'univers.

Les Esprits pendant les combats.

D. Les Esprits, dans une bataille, ont-ils le pouvoir de stimuler le courage et l'ardeur du soldat, ou de jeter l'alarme et l'épouvante dans le camp ?

R. Tels que les dieux d'Homère, les Esprits ne cessent d'exercer leur influence dans les combats. Les bons font marcher les évènements d'après les ordres de Dieu, les mauvais ne respirent que destruction et carnage.

D. Le général peut-il guider ses soldats à l'aide d'une sorte d'inspiration ?

R. Oui ; c'est ce coup d'œil précis, rapide, profond qui fait les grands capitaines.

D. Que deviennent les Esprits de ceux qui succombent dans la lutte ?

R. Ils continuent à se battre jusqu'à ce qu'ils aient reconnu leur situation.

Des pactes.

D. Que doit-on penser des prétendus pactes contractés avec les mauvais Esprits ?

R. Il n'existe point de pacte proprement dit ; mais celui qui veut commettre une mauvaise action appelle par cela même ces Esprits à son aide, lesquels se servent à leur tour de ses organes matériels pour exercer leur perversité.

D. Quel est le vrai sens des légendes fantastiques d'après lesquelles des individus auraient vendu leur âme à Satan ?

R. C'est une allégorie. Tout homme qui demande aux mauvais Esprits les avantages matériels se met sous leur dépendance, repousse son épreuve, et renonce pour de longues existences à s'élever dans les sphères célestes (1).

D. Ce n'est donc pas un pacte qu'il ne puisse rompre ?

R. Nullement ; avec la volonté et l'assistance des bons Esprits, il le pourra toujours, bien qu'on ait pu croire, à une certaine époque, que l'homme aliénait sa liberté et ne s'appartenait plus.

(1) Il est même des hommes qui demandent aux mauvais Esprits de les seconder pour faire le mal qu'ils désirent, soit comme vengeance, soit comme penchant déréglé.

D. Lorsqu'on demande la santé aux Esprits, se met-on ainsi sous la dépendance des mauvais, comme certaines gens le prétendent ?

R. On ne parlerait pas de la sorte, si on comprenait que pour rétablir l'harmonie dans la matière il faut le fluide parfaitement pur des Esprits supérieurs. — Jésus chassait les démons, rendait la santé aux malades ; donc le pouvoir de guérir vient de Dieu (1).

Pouvoir occulte. Talismans. Sorciers.

D. Des personnes ont-elles le pouvoir de jeter des sorts ?

R. Ce prétendu pouvoir est dû simplement à une force magnétique dont certaines personnes peuvent faire un triste usage, et dans ce cas elles sont secondées par de mauvais Esprits.

D. Quel effet peuvent produire des formules, des pratiques à l'aide desquelles certaines personnes prétendent disposer de la volonté des Esprits ?

R. Formules, signes cabalistiques, pratiques mystérieuses n'ont aucune valeur, car les Esprits ne sont attirés que par la pensée, le désir, la volonté.

D. Y a-t-il quelque inconvénient de mettre sa confiance en des objets matériels ?

R. Tout objet porte en lui-même un cachet, une émanation, une vertu ; il garde l'empreinte de celui qui le posséda, ou même ne fit que le toucher,

---

(1) « Il n'est pas de puissance qui ne vienne de Dieu. » (Saint Paul aux Romains, ch. XIII, v. 1.)

et répand à son tour comme un parfum du passé. Il produit un effet salutaire ou malfaisant, selon les fluides qu'il recèle, selon l'intention bonne ou mauvaise de celui qui en fait usage et le met dans les mains d'autrui.

D. Quel sens doit-on attacher à la qualification de sorcier?

R. Ceux qu'on appelle ainsi, et que le vulgaire croit possédés du démon, sont doués de certaines facultés, comme la seconde vue, la puissance magnétique, etc.

D. Certaines personnes ont-elles véritablement le don de guérir par le simple attouchement?

R. Oui, la puissance magnétique peut aller jusque-là, quand elle est secondée par un ardent désir du bien.

D. Le magnétisme et le spiritisme montreront-ils enfin cet ordre de faits sous son véritable jour?

R. Sans aucun doute. La connaissance approfondie de ces deux sciences, liées l'une à l'autre, sera le meilleur préservatif contre les idées superstitieuses, et opposera un puissant argument au système de négation.

Du miracle.

D. L'intervention des Esprits, l'émancipation de l'âme, les propriétés si multiples du périsprit ne pourraient-elles fournir l'explication de ce qu'on nomme miracle?

R. N'en doutons pas; tous les phénomènes dérivant de ces faits donnent enfin, aujourd'hui qu'ils sont plus sérieusement observés, la solution d'un problème contre lequel se heurtent encore le positivisme et la foi aveugle.

D. D'après cela, le miracle semble devoir sortir un jour du mystère dont il est enveloppé?

R. Point de miracle, point de surnaturel, point de merveilleux. Dieu, nous le savons, ne déroge pas à ses lois, et tout phénomène, si anormal qu'il paraisse, est dans la nature (1).

D. Dans quel but la science proprement dite se refuse-t-elle à admettre ce qui échappe au témoignage des sens?

R. Ne comprenant pas les attributs de l'âme, elle ne porte ses investigations que sur la matière. Or, quand elle repousse des faits appartenant aux lois psychiques, elle est dans l'erreur, comme ceux qui prennent ces faits pour une dérogation du monde physique.

D. Mais comment expliquer, sans une modification du plan divin, ces phénomènes étranges de guérison qui ne s'obtiennent qu'avec le concours d'une foi vive et profonde?

R. L'homme, avec la foi pour appui, agit sur le fluide agent universel, en modifie les qualités et lui donne une impulsion pour ainsi dire irrésistible.

(1) Il ne saurait y avoir interversion des lois de la nature, mais bien plutôt flexibilité de ces mêmes lois encore inconnues de l'esprit humain.

D. Cette puissance est-elle illimitée ou ne s'exerce-t-elle que dans de certaines conditions ?

R. Il faut, pour qu'elle soit active, que les organes qu'elle est appelée à guérir ne soient point détruits et que la vie y soit latente (1).

D. Dieu pourrait bien pourtant opérer toutes choses, puisqu'il est tout-puissant ?

R. Si ses lois n'avaient leur accomplissement dans toute leur plénitude, il aurait manqué de prévoyance en les créant et ne pourrait être parfait.

D. Pour modifier le fluide guérisseur dirigé sur autrui, en gouverner l'action, celui qui le donne agit-il par sa propre force, ou bien est-il secondé par un secours étranger ?

R. S'il se confie aux bons Esprits, qui viennent toujours à l'appel de la foi et de la charité, ses forces sont non seulement augmentées, mais encore employées avec intelligence. Aussi obtient-il, quand Dieu le juge utile, des résultats inespérés, des effets prodigieux qui, en des temps reculés, ont donné lieu à cette croyance naïve du miracle et du surnaturel (2).

---

(1) Un aveugle pourrait recouvrer la vue par l'absorption des fluides, si les organes oculaires n'étaient qu'affaiblis ou même paralysés ; mais si les yeux sont crevés, la cécité est sans remède.

(2) Miracle, mystère, prodige, surnaturel, merveilleux !... Tels sont les mots dont se paient les négateurs ; mais ce n'en sont pas moins des faits palpables qui n'ont pas besoin, pour s'accomplir, qu'il soit dérogé aux lois divines.

CHAPITRE VIII

Occupations et missions des Esprits.

D. Les Esprits ont-ils des attributs spéciaux?

R. Chacun doit présider successivement à toutes les parties de l'univers, et acquérir ainsi la connaissance de toutes choses.

D. Les fonctions qu'ils remplissent sont-elles incessantes?

R. Ils peuvent en remplir de nouvelles à mesure qu'ils progressent; mais, vivant par la pensée, leur activité est incessante.

D. Quelles sont les occupations des Esprits arrivés au plus haut degré de perfection?

R. Ils reçoivent directement les ordres de Dieu, les transmettent dans tout l'univers et veillent à leur exécution.

D. Que font les Esprits inférieurs?

R. Un travail approprié à leur nature : les ignorants sont incapables du moindre labeur intellectuel.

D. Peut-il y avoir des Esprits oisifs, abandonnés à leur fantaisie et sans aucune utilité?

R. Il en est des Esprits comme des hommes, mais cet état est temporaire. Tôt ou tard l'oisiveté leur pèse et ils éprouvent le désir d'en sortir.

D. N'en existe-t-il pas qui n'agissent que par instinct ?

R. Oui, à leur origine, avant d'avoir conscience d'eux-mêmes et de leur libre arbitre.

D. Les Esprits en général apprécient-ils de la même manière que nous ?

R. Les Esprits vulgaires recherchent, aiment, admirent ce que nous recherchons, aimons, admirons ; mais les Esprits supérieurs voient les choses sous un autre jour, et s'intéressent seulement à ce qui, dans les arts, les sciences, les lettres, etc., est la manifestation d'un progrès de l'humanité.

D. Les Esprits accomplissent-ils toujours leurs missions à l'état errant ?

R. Il est des missions pour l'Esprit incarné comme pour l'Esprit errant.

D. Quelles sont les missions dont peuvent être chargés les Esprits errants ?

R. Il y a autant de genres de missions qu'il y a d'intérêts à surveiller dans le monde physique ou moral.

D. La mission d'un Esprit lui est-elle imposée ou dépend-elle de sa volonté ?

R. Il la demande et progresse selon la manière dont il l'accomplit.

D. En quoi consiste la mission des Esprits incarnés ?

R. Ils aident à l'avancement de leurs semblables par des moyens directs.

D. Comment peut-on reconnaître qu'un homme a une mission réelle?

R. Aux grandes choses qu'il accomplit, aux progrès qu'il fait faire.

D. Savait-il en s'incarnant qu'il devait accomplir une mission?

R. Il en est quelquefois ainsi ; mais le plus souvent un Esprit l'emploie comme intermédiaire, pour mettre à exécution ce qu'il ne peut faire directement.

D. L'Esprit peut-il faillir à sa mission?

R. Oui, si ce n'est pas un Esprit supérieur ; s'il faillit, il subira les effets du mal qu'il aura causé et recommencera sa tâche.

D. Dieu confie-t-il jamais l'exécution d'un plan de quelque importance à un Esprit qui pourrait faillir?

R. Certainement non ; il délègue toujours un mandataire digne de l'exécuter (1).

D. Ne pourrait-on désigner sous un nom spécial les grands Esprits qui remplissent les plus hautes missions, après s'être incarnés dans ce but?

R. Ces âmes fortes, ces âmes d'élite, on peut les appeler Messies ou envoyés de Dieu.

---

(1) Si l'Esprit élevé ne faillit point dans sa mission, ce n'est pas qu'il soit absolument infaillible. « L'infaillibilité n'appartient qu'à Dieu » ; mais sa force et son intelligence sont toujours en rapport à l'œuvre qu'il accomplit, pour si grande qu'elle soit.

D. Que faut-il penser des hommes de génie qui ont répandu de grandes vérités mêlées à de grandes erreurs?

R. Qu'ils ont dû parler selon les temps; que tel enseignement, erroné ou puéril à une époque avancée, pouvait être à une époque reculée parfaitement approprié aux besoins de la génération à laquelle il s'adressait.

D. L'homme s'occupant de sciences remplit-il une mission?

R. Assurément; les sciences, les arts, les lettres, l'industrie sont autant de leviers qui élèvent l'humanité,

D. Allan Kardec est-il au premier rang de ceux qui ont été appelés à la faire avancer?

R. Allan Kardec a rempli une de ces hautes missions qui comptent dans l'histoire des peuples; mais les hommes du vingtième siècle seulement verront grandir les germes féconds qu'il a déposés dans ses œuvres.

CHAPITRE IX

Les Trois Règnes.

Les minéraux et les plantes. — Les animaux et l'homme. — Métempsycose.

Les minéraux et les plantes.

D. En quoi le minéral diffère-t-il de la plante ?

R. En ce que les principes qu'il renferme sont moins élaborés, moins développés. La matière inerte, qui constitue le règne minéral, possède plus qu'une force mécanique, avons-nous dit précédemment (Voir intelligence et instinct). Douée de vitalité, elle renferme tous les éléments que renferme la plante, mais à l'état de germe.

D. Les plantes ont-elles conscience de leur existence ?

R. Elles ne sauraient se rendre compte de leur personnalité, mais leur souffrance n'est pas inconsciente.

D. Certaines plantes ne forment-elles pas une classe intermédiaire entre la nature végétale et la nature animale ?

R. Oui, tels sont en effet les zoophytes, car rien n'est brusque, rien n'est tranché dans la nature, et tout forme une chaîne sans solution de continuité.

D. Les plantes ont-elles aussi l'instinct de conservation ?

R. Qui pourrait en douter ? Ne les voyons-nous pas rechercher ce qui leur est utile et fuir ce qui pourrait leur nuire ?

D. Dans les mondes supérieurs les plantes sont-elles d'une nature plus parfaite ?

R. Sans doute, puisque toute chose tend à se perfectionner, et subit d'incessantes transformations pour atteindre ce but.

Les animaux et l'homme.

D. Peut-on établir une ligne de démarcation bien précise entre l'intelligence des animaux et celle de l'homme ?

R. Cette ligne est assez difficile à tracer. Toutefois la tendance générale qu'a l'animal à s'améliorer au contact de l'homme, et son impuissance à rien apprendre par lui-même, nous aident à distinguer ces deux natures.

D. Ce n'est donc pas uniquement l'instinct qui guide les animaux ?

R. Non sans doute, vu que la plupart de leurs actes sont intelligents et le résultat d'une réflexion, d'un calcul, d'une volonté (1).

(1) Saint François-d'Assises appelait les animaux nos frères cadets. L'ecclésiaste parle de l'âme des bêtes. (Voir à ce sujet saint Jean-Chrysostôme, saint Thomas, le père Ventura, Cuvier, Buffon, Linné, les plus grands philosophes, les plus grands poètes, etc.)

D. Puisque les animaux sont intelligents, pourquoi n'ont-ils pas d'initiative?

R. Parce qu'ils sont esclaves de la matière et n'aspirent qu'à la satisfaire.

D. Le mouvement qui dirige l'animal et le porte à fournir aux moyens de sa conservation est-il machinal ou raisonné?

R. Machinal d'abord, comme chez tous les êtres appelés à vivre; mais il devient intelligent aussitôt que l'animal se met à l'œuvre pour sauvegarder son existence. C'est ce qu'on pourrait appeler instinct intelligent (1).

D. Si les animaux doivent, comme tous les êtres, suivre une marche ascendante, d'où vient que leur progrès est si peu apparent et semble même nul?

R. De ce qu'ils n'ont pas l'intelligence de la vie morale et qu'aucun stimulant ne peut leur faire désirer ni comprendre un état meilleur.

D. En ce cas où est le progrès, alors que surtout nous ne voyons dans les diverses races d'animaux aucun changement extérieur, aucun signe qui dénote un travail progressif, un effet de l'intelligence?

R. L'être pensant, l'être intelligent, avons-nous dit, se développe dans les transformations que subit la matière. Or, quand pour se manifester une

---

(1) L'abeille construit ses alvéoles, le castor bâtit ses digues, l'hirondelle son nid, et le tout avec intelligence. Ils ont un but comme l'homme qui construit son habitation. Ce que la science nomme irritabilité dans le règne végétal, est purement un effet de l'intelligence qui réside dans les plantes.

forme est trop imparfaite, il en revêt une plus analogue à ses besoins. C'est donc ainsi que tel ou tel animal, faisant partie d'une race quelconque, progresse en passant dans une autre moins inférieure.

D. Il est donc avéré, d'après l'enseignement des Esprits, que l'intelligence de l'homme et celle des animaux émanent d'un même principe?

R. Parfaitement; mais dans l'homme ce principe a reçu une élaboration qui l'élève au-dessus de la brute et marque le chemin qu'il a parcouru.

D. Est-ce le point de départ de l'intelligence qui a fait dire que l'âme dès son origine s'essaie à la vie?

R. Oui : elle accomplit cette première phase dans une série d'existences qui précèdent la période appelée humanité (1).

D. Pourquoi les bêtes souffrent-elles ?

R. Parce que la souffrance est nécessaire au progrès.

D. N'est-ce point quelquefois pour elles une punition?

R. Si elles ont l'intelligence du mal qu'elles font, elles doivent en subir les conséquences.

---

(1) Il me dit : « J'ai d'abord été, dans les vieux âges,
» Une haute montagne emplissant l'horizon ;
» Puis, âme encore aveugle et brisant ma prison,
» Je montai d'un degré dans l'échelle des êtres.
» Je fus un chêne, et j'eus des autels et des prêtres ;
. . . .
» Puis je fus un lion rêvant dans les déserts,
. . . .
« Maintenant je suis homme, et je m'appelle Dante ».
Victor Hugo. *(Contemplations)*.

D. Puisque l'homme a, de plus que les animaux, la compréhension de la vie morale, on est en droit de se demander pourquoi chez lui les mauvais instincts prédominent si souvent sur les bons ?

R. Outre ses propres imperfections, il a encore à lutter contre l'influence de la matière ; et plus il est inférieur, plus les liens qui l'enchaînent à elle sont étroits et neutralisent les bons instincts.

D. Le corps n'étant que l'instrument de l'Esprit, comment ce dernier se laisse-t-il si facilement dominer par celui qu'il devrait dompter ?

R. Le corps, par suite de la force vitale qui abonde en lui, a des instincts grossiers, bornés d'abord aux soins de sa conservation ; mais l'Esprit à mesure qu'il s'élève s'en affranchit, et les organes qui le maîtrisaient n'ont plus le même empire.

D. L'Esprit de l'homme après sa mort a-t-il conscience des existences qui ont précédé pour lui la période de l'humanité ?

R. Non : ce n'est qu'à dater de cette période que commence proprement dit la vie de l'âme, et par conséquent celle qui engage entièrement sa responsabilité.

Métempsycose.

D. La communauté d'origine du principe intellectuel des êtres vivants n'est-elle pas la consécration de la doctrine de la métempsycose ?

R. Sans doute, mais deux choses peuvent avoir le même principe et ne se ressembler nullement.

Qui reconnaîtrait l'arbre, ses feuilles, ses fleurs et ses fruits dans le germe informe de la graine d'où il est sorti ?

D. *L'Esprit qui a animé le corps d'un homme pourrait-il s'incarner dans un animal ?*

R. Ce serait rétrograder et l'Esprit ne rétrograde pas. Le fleuve ne remonte pas à sa source.

D. *Cependant chacun peut être à même de constater que certains hommes que l'opinion avait jugés bons, honnêtes, finissent leur vie dans des sentiments tout opposés ?*

R. Chez quelques-uns, cette bonté, seulement apparente, n'était due qu'à l'absence d'occasion de faire le mal ; chez d'autres, le courage manque, quand l'épreuve se présente, mais leur chute n'est qu'un temps d'arrêt et non un pas rétrograde.

D. *Tout erronée que soit l'idée attachée à la métempsycose, ne serait-elle pas le résultat du sentiment instinctif des différentes existences de l'homme ?*

R. Sans contredit ; mais, ainsi que la plupart de ses idées intuitives, l'homme l'a dénaturée.

D. *Si l'on entendait par métempsycose la progression de l'âme passant d'un état inférieur à un état supérieur, ne serait-ce pas restituer à cette vieille croyance sa vraie signification ?*

R. Il était réservé au spiritisme de faire connaître la marche ascendante de l'âme, qui a donné lieu à cette doctrine cotoyant la vérité, mais faussée dans le sens de transmigration (1).

D. Le passage de l'Esprit humain dans un être inférieur eut jadis de nombreux partisans ; d'où vient donc qu'on a tant de peine aujourd'hui à accepter celui de la réincarnation de l'homme dans sa propre espèce ?

R. C'est qu'il est difficile de revenir à une vérité, lorsqu'elle a été altérée, défigurée par une doctrine qui fausse son principe en l'exagérant jusqu'à l'absurde.

---

(1) « L'organisme humain, avant d'être ce qu'il doit devenir, traverse les états inférieurs des êtres animés. »

LAMENNAIS (*De la Société première*).

TROISIÈME PARTIE

Lois morales.

CHAPITRE PREMIER

Morale spirite : charité et amour du prochain.

D. La morale spirite diffère-t-elle de celle que les doctrines philosophiques élevées, ou les doctrines religieuses ont enseignée jusqu'à ce jour ?

R. Non : c'est la morale évangélique dans toute sa pureté, car elle se résume dans l'application de son plus beau précepte : aimer Dieu par-dessus tout et le prochain comme soi-même.

D. Cette morale est-elle proclamée en tous lieux d'une manière identique ?

R. La raison dit qu'elle doit être appropriée à la nature de chaque monde et au degré d'avancement des peuples qui les habitent. Sur la terre elle varie selon les mœurs, les coutumes, les besoins de chaque pays, mais elle n'en conserve pas moins le sceau divin.

D. Pour ne pas oublier cette loi, et avoir toujours la force de la pratiquer que devons-nous faire ?

R. Nous souvenir que Jésus, une des créatures

les plus parfaites, un des enfants de Dieu les plus purs s'est incarné pour nous apprendre à suivre cette morale, et nous offrir dans son amour le plus sublime modèle de charité.

D. Celui qui aime ses frères pour eux-mêmes est-il aussi agréable à Dieu que si Dieu était le mobile de son amour?

R. Qu'importe, s'il accomplit ce commandement : « Aimez-vous comme je vous ai aimés? »

D. Jésus a dit encore : Aimez vos ennemis. » Or, l'inimitié ne provient-elle pas du défaut de sympathie entre les Esprits?

R. Aimer ses ennemis, c'est leur pardonner et leur rendre le bien pour le mal.

D. Que faut-il entendre par le bien?

R. Faire à autrui ce que nous voudrions qu'on fit pour nous.

D. Pourquoi le mal existe-t-il?

R. Parce qu'il vient de l'homme. Le mal n'est que la négation du bien, un manque d'équilibre dans la loi d'amour que Dieu a créée pleine d'harmonie.

D. Comment définir la loi d'amour?

R. L'amour est la loi d'attraction pour les êtres vivants et organisés, l'attraction est la loi d'amour pour la matière inorganique.

D. Est-ce cette attraction qui établit la solidarité entre tous les êtres?

R. Assurément ; c'est ainsi que tout Esprit est toujours placé entre un Esprit qui le guide et un autre sur lequel il veille.

CHAPITRE II

Loi d'Adoration.

But de l'adoration, adoration extérieure. — De la prière. — Polythéisme. — Sacrifices.

But de l'adoration.

Qu'est-ce que l'adoration et quel est son but ?

R. C'est l'élévation de la pensée vers Dieu, répondant au besoin qu'éprouve la créature de rendre gloire à l'Etre suprême.

D. Quel est le mouvement de notre âme dans l'adoration ?

R. Elle s'élance vers le trône divin, et là s'incline, s'humilie devant celui qui l'a créée.

D. L'adoration est-elle le résultat d'un sentiment inné ou bien d'un enseignement ?

R. D'un sentiment inné, comme celui de la divinité.

D. A-t-elle besoin de manifestations extérieures ou de formes particulières ?

R. Que fait la manifestation, pourvu que l'adoration soit sincère et s'accorde avec la pratique du bien (1).

---

(1) Jésus dit à la Samaritaine : « Femme, crois-moi : le
» temps vient que vous n'adorerez plus le père ni sur cette
» montagne, ni à Jérusalem. Les vrais adorateurs l'adoreront
» en esprit et en vérité, car il demande de tels adora-
» teurs. » (Ev. saint Jean, IV, 21, 23.)

D. Devons-nous adorer Dieu plus particulièrement pendant les jours consacrés par l'usage?

R. Quelle en serait la raison, puisque Dieu réjouit sans cesse notre vue par les magnificences de ses œuvres (1)?

De la prière.

D. La prière est-elle agréable à Dieu?

R. La prière du cœur monte seule jusqu'à lui.

D. Quel est le but de la prière?

R. Louer, demander et remercier.

D. Quand la prière est-elle exaucée?

R. Quand elle est faite avec confiance, avec humilité, qu'elle est accompagnée du pardon des offenses et d'une réforme salutaire.

D. Dieu, si puissant et si bon, ne pourrait-il nous accorder les secours nécessaires sans que nous le prions?

R. Dieu ne désire la prière des hommes que pour le bien qu'elle leur fait en les détachant des choses matérielles, et les entourant des fluides qui préparent l'âme pour les hautes sphères.

D. La prière collective est-elle meilleure que la prière faite en particulier?

R. Elle a plus de force, lorsqu'elle s'élève dans

---

(1) « Mon père ne cesse point d'agir jusqu'à présent et
» j'agis aussi incessamment. » (Ev. saint Jean, chap. V, 17.)

« L'un met de la différence entre les jours, l'autre considère
» tous les jours comme égaux. Que chacun agisse selon qu'il
» est pleinement persuadé dans son esprit. » (Saint Paul,
aux Romains, XIV, 5.)

une homogénéité parfaite d'intention, de volonté, de sentiment.

D. La prière pour autrui est-elle efficace?

R. Oui ; elle le fortifie contre les tentations et peut même alléger ses épreuves matérielles.

D. Si un évènement doit s'accomplir, la prière peut-elle en détourner le cours?

R. Dieu ne change point l'ordre de la nature. Nous devrions comprendre que ce qui est un grand mal à notre point de vue étroit, est souvent un grand bien dans l'ordre général de l'univers.

D. Dieu nous exauce-t-il plus volontiers, quand nous lui demandons ses grâces dans un lieu spécialement consacré à la prière?

R. Le lieu où nous prions peut avoir une certaine influence sur nos esprits, en les portant au recueillement ; mais partout où l'homme sait se prosterner, Dieu l'entend et le bénit (1).

D. La prière rend-elle l'homme meilleur?

R. Si ce n'est immédiatement, elle lui donne du moins la force de lutter et de se mettre au-dessus des vicissitudes humaines.

D. Est-il utile de prier pour les morts?

R. Oui, c'est un doux souvenir pour celui qui est heureux et un soulagement pour le malheureux.

D. Comment la prière peut-elle soulager un Esprit malheureux?

R. En lui prouvant qu'on s'intéresse à lui ou en

(1) « Le Très-Haut n'habite point dans des temples faits par
» la main des hommes. » (Act. VII, 48.)

l'excitant au repentir. Les bons fluides d'ailleurs adoucissent ses souffrances.

D. Le Christ priait-il pour les morts ? A-t-il recommandé qu'on priât pour eux ?

R. Il priait pour les brebis égarées et a dit en termes généraux : « Aimez-vous les uns les autres. » Les morts ne sont-ils pas nos frères ?

D. Peut-on prier les Esprits ?

R. On peut prier les bons ; mais leur pouvoir relève toujours du maître de toutes choses (1).

Polythéisme.

D. Pourquoi le polythéisme est-il une des croyances les plus anciennes et les plus répandues, puisque elle est fausse ?

R. Parce que, dès les premiers temps de l'humanité, l'homme déifiant tout ce qui était au-dessus de sa compréhension, finit par croire à autant de puissances qu'il voyait d'effets.

D. Comment les Grecs qui ont, par l'élévation de leur intelligence, rendu si illustre leur époque, pouvaient-ils croire à la pluralité des dieux ?

R. C'est que, grands admirateurs de la nature, ils n'avaient le sentiment du beau, du vrai qu'à l'égard de la matière qu'ils idéalisaient. Ils croyaient

---

(1) Bien que Dieu soit l'arbitre suprême de nos destinées, il lui est agréable que nous priions aussi les bons, les purs Esprits. Les prier, c'est faire appel à des frères dévoués auxquels il a donné le pouvoir de soulager nos maux.

trouver ici-bas le type si pur qu'ils s'étaient créé; cependant les hommes éclairés de la Grèce se sont élevés à la pensée d'un Dieu unique.

D. *Relativement aux manifestations chez un peuple idolâtre, quelle a été l'œuvre du christianisme?*

R. De faire remonter toute adoration vers la toute-puissance incréée.

Sacrifices.

D. *Dieu a-t-il jamais exigé des sacrifices?*

R. Il ne veut que celui de nos mauvaises passions.

D. *Les sacrifices humains avaient-ils leur source dans un sentiment de cruauté?*

R. Non; mais dans une idée fausse qui plus tard fanatisa les peuples, et les persuada qu'ils étaient agréables à Dieu en exterminant, par le fer ou le feu, ceux qui ne partageaient pas leurs opinions religieuses.

D. *Les peuples sont-ils excusables de ne pas croire à la parole de ceux qui étaient animés de l'Esprit divin?*

R. Pourquoi ne le seraient-ils point? Tous les peuples adorent un même Dieu; mais si certains hommes n'ont pas la foi dans une parole qu'ils ne peuvent comprendre encore, nous devons la leur faire accepter par la douceur, la persuasion et non par la force.

CHAPITRE III

Loi de conservation et de destruction.

Privations volontaires, mortifications. — Destruction nécessaire. — Fléaux destructeurs.

Privations, mortifications.

D. L'abstention de certains aliments, prescrite chez divers peuples, est-elle fondée?

R. Tout ce dont l'homme peut se nourrir, sans préjudice pour sa santé, est permis ; l'excès seul est défendu (1). D'ailleurs, une privation n'est méritoire que lorsqu'on se prive pour les autres.

D. Les macérations en vue de se purifier plaisent-elles à Dieu?

R. Dieu n'est sensible qu'aux sentiments qui élèvent notre âme, et ce qui est nuisible lui est toujours désagréable.

D. Mais les souffrances n'aident-elles pas à nous sanctifier?

R. Les seules qui nous sanctifient sont les souf-

---

(1) Trop de recherche dans les mets est un excès. Mais l'homme sobre peut dire avec saint Paul : « Je sais et je suis
» persuadé, par le Seigneur Jésus, qu'il n'y a point d'aliment
» qui soit souillé par lui-même. » (Aux Romains, XIV, 14.)

« Le royaume de Dieu ne consiste pas dans le boire ni
» dans le manger, mais dans la justice, dans la paix et dans la
» joie que donne le Saint-Esprit. » (Aux Romains, XIV, 17.)

frances naturelles, si nous les endurons avec patience ; celles que nous nous créons sont inutiles, lorsqu'elles ne sont pas l'effet du dévouement.

D. Si l'on ne doit pas se créer des souffrances, faut-il se préserver de celles dont on est menacé ?

R. Sans doute ; c'est répondre à la loi de conservation (1). Châtier l'Esprit, étouffer l'orgueil et l'égoïsme, telles sont les rigueurs qui portent des fruits.

Destruction nécessaire.

D. La destruction est-elle une loi de nature ?

R. Il faut que tout se détruise pour renaître, se transformer et se régénérer.

D. L'instinct de destruction aurait donc été donné dans des vues providentielles ?

R. Oui, pour maintenir l'équilibre dans la reproduction et fournir la nourriture aux êtres vivants, lesquels se détruisent entre eux.

D. Si la destruction des êtres est nécessaire, pourquoi la nature leur donne-t-elle les moyens de se préserver ?

R. Afin qu'une destruction trop hâtive n'empêche point le principe intelligent de se développer.

D. Le besoin de destruction est-il le même dans tous les mondes ?

R. Non : il cesse avec un état physique et moral plus épuré.

---

(1) Sans la santé le corps entrave l'Esprit et l'empêche d'accomplir son épreuve, si cette épreuve doit être en dehors des souffrances physiques.

D. Comment doit-on considérer toute destruction qui dépasse les limites du besoin ?

R. Comme une violation de la loi de Dieu.

Fléaux destructeurs.

D. Dans quel but Dieu frappe-t-il l'humanité par des fléaux destructeurs ?

R. Pour la faire avancer; mais ce que nous appelons fléaux n'est souvent qu'un bouleversement nécessaire.

D. Les fléaux destructeurs ont-ils une utilité au point de vue physique ?

R. Ils changent quelquefois l'état d'une contrée; mais le bien qui en résulte n'est souvent ressenti que par les générations futures.

D. Est-il donné à l'homme de conjurer les fléaux dont il est menacé ?

R. Il peut les conjurer à mesure qu'il acquiert des lumières et de l'expérience. C'est ainsi que s'opère le progrès physique des mondes, et le progrès intellectuel de ceux qui les habitent.

CHAPITRE IV

Loi du progrès.

Marche du progrès. — Peuples dégénérés. — Influence du spiritisme sur le progrès.

Marche du progrès.

D. L'humanité suit-elle toujours une marche progressive?

R. Toujours, mais cette marche est régulière. Toutefois Dieu lui suscite de temps à autre une secousse physique ou morale qui la transforme.

D. Comment s'opèrent ces révolutions?

R. Les idées germent pendant des siècles, puis éclatent soudain et font crouler l'édifice vermoulu du passé.

D. Pourquoi l'homme ne sait-il voir dans ces commotions que la confusion et le désordre?

R. Parce qu'il est incapable de s'élever au-dessus de sa personnalité et du temps présent.

Peuples dégénérés.

D. Certains peuples retombés dans la barbarie n'infirment-ils pas la loi du progrès?

R. Non : les Esprits incarnés dans ces peuples dégénérés sont d'une classe inférieure à ceux qui animaient ces peuples au temps de leur splendeur, et ces derniers se sont élevés dans des régions plus sereines.

D. Le progrès réunira-t-il un jour tous les peuples de la terre en une seule nation ?

R. La diversité des mœurs et des climats s'y oppose ; mais toutes les nations se tendront la main, quand la loi de Dieu sera partout la base de la loi humaine.

D. Les travaux d'amélioration sociale ne profitent-ils qu'aux générations présentes et futures ?

R. Ils profitent aussi aux générations éteintes, qui revivent ou revivront pour se perfectionner au foyer de la civilisation.

Influence du spiritisme sur le progrès.

D. Comment le spiritisme peut-il contribuer au progrès ?

R. En détruisant le matérialisme, étouffant les préjugés, abolissant les privilèges de naissance, de secte, de caste, de couleur ; en enseignant, enfin, la grande solidarité qui doit nous unir comme des frères.

D. N'est-il pas à craindre que le spiritisme ne puisse triompher de l'insouciance des hommes et de leur attachement aux choses matérielles ?

R. Le progrès, il est vrai, s'accomplit lentement ; mais les idées spirites s'implantent peu à peu, et le terrain a reçu la semence qui va fructifier.

D. Pourquoi les Esprits ne hâtent-ils pas cette éclosion par des manifestations multiples et irréfutables ?

R. Le Christ lui-même a-t-il convaincu ses contemporains ? Dieu veut laisser aux hommes le mérite de se convaincre par la raison et non par des prodiges (1).

(1) Le désir de s'éclairer vient d'un besoin de l'âme ; mais l'homme qui se complait dans la vie matérielle se contente de dire : « Je voudrais croire !... » Et, comme si la lumière arrivait d'elle-même, il l'attend insouciamment et ne fait aucun effort pour arriver à la vérité.

CHAPITRE V

Loi d'égalité et de liberté.

Egalité des droits de l'homme et de la femme. — Liberté de conscience. — Fatalité.

Droits de l'homme et de la femme.

D. Puisque le spiritisme proclame la grande loi d'égalité, de solidarité, de fraternité, considère-t-il l'homme et la femme comme étant égaux devant Dieu ?

R. Sans doute, car Dieu a donné à tous les deux l'intelligence et la faculté de la développer.

D. La faiblesse physique de la femme ne la place-t-elle pas naturellement sous la dépendance de l'homme ?

R. Quel en serait le but ? Dieu a donné la force pour protéger le faible et non pour l'asservir.

D. Ne pourrait-on considérer la délicatesse, la sensibilité de la femme, et souvent sa force morale comme une compensation de la force physique de l'homme ?

R. C'est du moins une preuve éminente du progrès de l'Esprit incarné dans la femme.

D. Puisque l'homme et la femme sont égaux devant la loi de Dieu, doivent-ils l'être aussi devant celle des hommes ?

R. C'est le premier principe de justice.

D. L'homme a-t-il le droit d'exercer un empire absolu sur la femme?

R. Dieu ne le lui a point donné ; mais celui qui s'en fait le maître doit apprendre que les Esprits peuvent s'incarner dans l'un et l'autre sexe, et que par cela même l'oppresseur peut devenir l'opprimé à son tour.

Liberté de conscience.

D. L'homme peut-il s'arroger le pouvoir d'entraver la liberté de conscience?

R. A Dieu seul appartient de sonder et de juger (1).

D. Quels sont les fruits de la contrainte mise à la liberté de conscience?

R. L'hypocrisie et le mensonge.

D. Toute croyance, même notoirement fausse, est-elle respectable?

R. Oui, quand elle est sincère et qu'elle conduit au bien.

D. A quels signes peut-on reconnaître la doctrine qui se rapproche le plus de la vérité?

R. Aux hommes de bien qu'elle fait, aux cœurs qu'elle pénètre du sentiment d'humilité, d'amour et de fraternité.

---

(1) « L'homme libre est celui qui n'est ni contraint ni gêné dans l'accomplissement de ce qu'il doit à Dieu, aux hommes et à lui-même. » Lacordaire (*Discours sur le droit et le devoir de la propriété.*)

Fatalité.

D. La fatalité existe-t-elle, et dans ce cas peut-elle exercer une influence sur les événements de la vie?

R. Elle n'existe que par le choix qu'a fait l'Esprit de telle ou telle épreuve, par un effet de son libre arbitre.

D. Toutes nos souffrances sont-elles dépendantes de ce choix?

R. Plusieurs, sans doute, peuvent être comptées parmi les épreuves fatales; mais nous pourrions nous en épargner quelques-unes, en prenant pour conseil la sagesse et la raison.

D. Les morts prématurées, les accidents imprévus peuvent-ils être attribués à la fatalité?

R. Ces accidents ne peuvent être toujours compris au nombre de ceux qui doivent fatalement s'accomplir. Les imprudences, les maladresses sont loin d'être constamment le fait d'une fatale destinée.

D. Est-il des évènements qu'on ne puisse conjurer?

R. Oui : les grandes douleurs, les crises de la vie, utiles à notre épuration, à notre instruction, sont dans les décrets de Dieu, et nous devons fatalement nous y soumettre (1).

(1) Néanmoins bien des maux, bien des chagrins ont leur principe dans l'oubli du devoir, dans la défaillance à laquelle trop souvent s'abandonne l'Esprit en présence de l'épreuve.

D. *Qu'est-ce qui est le plus soumis à la fatalité: les événements matériels ou les actes de la vie morale ?*

R. Les événements matériels. Volontairement acceptés avant notre incarnation, il ne dépend plus de nous d'en arrêter le cours (1).

(1) Les souffrances morales qui nous viennent d'autrui sont aussi la plupart du temps la conséquence de notre choix, quand nous ne les provoquons pas en donnant cours à nos mauvais penchants.

CHAPITRE VI

Peines et consolations.

Peines temporelles. — Pertes des personnes aimées. — Unions antipathiques. — Appréhension de la mort. — Dégoût de la vie, suicide.

Peines temporelles.

D. De quelle manière s'accomplit l'expiation dans une nouvelle existence?

R. Le meurtrier périt sous les coups d'un assassin, le spoliateur est dépouillé, le mauvais riche demande l'aumône, l'orgueilleux, naissant difforme ou crétin, est méprisé comme il a méprisé les autres, etc.

D. N'est-il point des hommes qui pourraient être exceptionnellement affranchis de l'épreuve terrestre?

R. Non : les accidents, les infirmités, les maladies et les peines morales sont le lot plus ou moins douloureux de l'esprit humain, dans quelque milieu qu'il se trouve incarné.

D. Malgré les épreuves inévitables de la vie temporelle, existe-t-il une mesure de bonheur commune à tous les hommes?

R. Oui : ce bonheur existe surtout dans le témoignage de la conscience et dans la foi en l'avenir.

D. Quelle est la principale cause de nos souffrances?

R. La facilité avec laquelle nous nous laissons

abattre au moindre revers, comme si la vie d'ici-bas devait être éternelle ; et puis, les passions avilissantes qui font de ce monde un véritable enfer.

D. Doit-on s'affliger outre mesure des maux qui accablent l'humanité ?

R. Pourquoi s'affliger, alors que ces épreuves n'ont qu'un temps et que, supportées avec résignation, elles amènent leur récompense ?

D. Qu'advient-il de celui qui murmure, se révolte contre elles et les repousse ?

R. Il doit les recommencer jusqu'à ce qu'il se soumette à la volonté de Dieu.

D. Les souffrances de l'expiation sont-elles une punition divine ?

R. Dieu ne punit point : les souffrances de l'homme, comme celles de l'Esprit, proviennent des fluides impurs dont il s'entoure, en s'éloignant du bien.

Perte des personnes aimées.

D. La perte des personnes qui nous sont chères n'est-elle pas une des causes de nos plus grands chagrins ?

R. Sans doute, mais il nous reste la consolation de pouvoir communiquer avec elles.

D. Les indifférents qui regardent comme une profanation les communications d'outre-tombe, ne sont-ils pas dans l'erreur ?

R. Il ne saurait y avoir profanation, lorsque l'évocation est faite avec recueillement, amour et respect.

D. Les douleurs inconsolables des survivants affectent-elles les Esprits qui en sont l'objet ?

R. Oui : elles les affectent péniblement, parce qu'ils voient dans l'excès de cette douleur un manque de foi, de résignation, et peut-être un obstacle à la réunion des âmes.

D. Comment devons-nous envisager la perte de ceux qui nous sont chers ?

R. Comme un départ qui doit s'accomplir et que nous ne devons point troubler par nos larmes, puisque la séparation n'est qu'apparente.

Unions antipathiques.

D. Comment l'affection la plus vive de deux êtres peut-elle se changer en antipathie et quelquefois en haine ?

R. L'affection de l'âme, quand elle est pure et vraiment sympathique, est durable ; celle du corps est périssable et tombe avec l'illusion qui l'a fait naître.

D. Ne devons-nous pas attribuer le défaut de sympathie entre deux êtres destinés à vivre ensemble à la haine qui dut les séparer dans le passé ?

R. Assurément ils viennent réparer leurs torts ; mais la rancune ne peut être tout d'un coup remplacée par les sentiments d'une tendre affection.

Appréhension de la mort

D. Doit-on s'effrayer de la mort?

R. Non, puisque c'est la délivrance, le commencement d'une vie de bonheur pour celui qui a fait le bien (1).

D. D'où vient chez beaucoup de gens l'appréhension de la mort?

R. L'homme charnel l'appréhende, parce qu'il aime les jouissances terrestres, parce qu'il doute de Dieu et de son avenir.

D. Par quel moyen pourrait-il se soustraire à cette appréhension?

R. Par une foi raisonnée qui lui donnerait la force de s'élever au-dessus de la matière.

D. Si l'homme attaché aux choses terrestres a peur de la mort, en est-il de même du vrai croyant?

R. Loin de là; portant plus haut sa pensée et ses aspirations, il sait qu'une vie meilleure l'attend.

Dégout de la vie, suicide.

D. L'homme a-t-il le droit de disposer de sa propre vie?

R. La morale, toutes les philosophies, toutes les religions condamnent le suicide; mais il était ré-

---

(1)   » Et cet heureux trépas, des faibles redouté,
     » N'est qu'un enfantement à l'immortalité. »
                           LAMARTINE.

servé au spiritisme de faire toucher pour ainsi dire du doigt les terribles conséquences de cet acte criminel.

D. Qu'advient-il de celui qui se donne la mort dans l'espoir de se soustraire aux misères terrestres, ou d'arriver plus tôt à une vie meilleure?

R. Il souffre jusqu'au jour que Dieu avait fixé comme terme de son existence, et revient sur la terre pour continuer cette vie qu'il avait abrégée.

D. Les personnes qui se tuent dans l'espoir d'aller joindre celles qu'elles ont perdues atteignent-elles ce but?

R. Au contraire, elles s'en éloignent.

D. Quelles sont en général les conséquences du suicide?

R. Elles sont relatives aux causes; mais presque toujours l'Esprit se croit d'abord au nombre des vivants et souffre de son genre de mort. Puis, quand l'illusion cesse, il y a déception, regret d'avoir fait une chose qui le retarde au lieu de l'avancer.

CHAPITRE VII

Vie future.

Pressentiment d'une autre vie. — Nature des peines et des jouissances futures.— Explation et repentir. — Durée des peines futures. — Résurrection de la chair. — Paradis, enfer et purgatoire.

Pressentiment d'une autre vie.

D. Qu'est-ce qui donne à l'homme le sentiment instinctif de la vie future?

R. Le vague souvenir de ce qu'il savait de l'état spirituel avant de s'incarner.

D. D'où vient chez tous les peuples la croyance aux peines et aux récompenses à venir?

R. Toujours du même principe : c'est la voix intérieure qui lui donne le pressentiment de la réalité.

Nature des peines et des jouissances futures.

D. Les peines et les jouissances après la mort sont-elles aussi vives que sur la terre?

R. Infiniment plus vives. L'Esprit dégagé de la matière est par cela même plus impressionnable.

D. En quoi consiste le bonheur des Esprits?

R. Dans la connaissanc de toutes choses, dans

l'absence des passions qui font le malheur de l'humanité, dans le désir d'avancer qui excite en eux une douce émulation.

D. Les purs Esprits, dit-on, réunis dans le sein de Dieu, sont occupés à chanter ses louanges : que signifie cette croyance?

R. C'est une allégorie peignant l'intelligence qu'ils ont de ses perfections, et l'enthousiasme sans borne dont ils sont pénétrés pour elles.

D. En quoi consistent les souffrances des Esprits inférieurs?

R. Regrets, rage, jalousie, haine, désespoir, remords, anxiété morale indéfinissable, désir de toutes les jouissances, impuissance de les satisfaire

D. Quelles sont les plus grandes souffrances des mauvais Esprits?

R. La description de leurs tortures morales est impossible, quand elles sont la punition de certains crimes ; mais la plus affreuse est la conviction qu'ont ces malheureux d'être condamnés sans retour. C'est à ce supplice que Jésus fesait allusion en parlant du feu éternel.

D. La croyance au feu éternel ne reposerait donc que sur une allégorie?

R. Evidemment, comme tant d'autres. Ne dit-on pas le feu des passions, brûler d'amour, de jalousie, s'enflammer de colère?

D. Mais la crainte du feu éternel ne pourrait-elle être salutaire?

R. Si elle retenait tous les hommes enclins au

mal, il ne se commettrait point de crimes ; on les comment, c'est donc qu'on croit peu à l'enfer.

D. Le souvenir des fautes passées, alors même qu'elles sont réparées, ne trouble-t-il pas le bonheur de l'Esprit qui s'en rendit coupable ?

R. Non, car il est sorti victorieux des épreuves auxquelles il s'était soumis volontairement.

D. Les épreuves à subir pour l'entière purification de l'âme ne sont-elles pas un sujet de douloureuse appréhension ?

R. Oui, pour l'âme encore souillée ; mais celle qui est déjà élevée sait trop quel bien doit en résulter pour elle.

D. La sympathie qui unit les Esprits de même ordre est-elle une source de félicité ?

R. Très grande : l'affection pure et sincère forme dans le monde spirituel des familles partageant mêmes aspirations, mêmes délices.

D. Est-il nécessaire de croire aux manifestations spirites pour assurer notre salut ?

R. C'est uniquement le bien accompli sur la terre qui peut nous préparer les joies de la vie future.

D. A quoi bon alors croire et pratiquer l'enseignement des Esprits ?

R. C'est un point d'appui, une lumière qui nous guide ; et le spiritisme, en fixant les yeux sur l'avenir, rend la route du bien plus facile.

Expiation et repentir.

D. Est-il exact de dire que l'Esprit n'éprouve après la mort que des souffrances morales?

R. Oui, jusqu'à ce qu'il se soit réincarné ; cependant il souffre parfois comme s'il était emprisonné dans la matière, tant qu'il est dominé par ses goûts matériels. (Voir influence de la matière).

D. Le repentir se fait-il sentir à l'état spirituel ou à l'état corporel?

R. L'affranchissement de la matière le rend plus amer et plus profond ; mais quand la voix de la conscience se fait entendre clairement, il peut avoir lieu à l'état corporel.

D. Quelle est la conséquence du repentir à l'état spirituel?

R. Le désir d'une nouvelle incarnation pour se purifier.

D. Quel est le fruit du repentir à l'état corporel?

R. Un changement soudain qui excite le pécheur à réparer ses fautes pendant la vie terrestre.

D. Celui qui sur la terre n'a pas reconnu sa culpabilité la reconnaît-il toujours après sa mort?

R. Il la reconnaît, mais le repentir n'est pas toujours immédiat : il l'appréhende et le repousse.

D. Que deviennent les Esprits qui, sans être mauvais, sont indifférents sur leur sort?

R. Ceux-là sont dans l'expectative, mais ils souffrent ; la loi du progrès s'impose chez eux par la douleur.

D. Le repentir sincère est-il suffisant pour réparer les fautes?

R. Il hâte l'amélioration de l'Esprit, mais le passé doit être expié.

D. A-t-on toujours le temps de se repentir?

R. On l'a toujours, puisqu'on a l'éternité ; mais plus on attend, plus l'expiation est longue et douloureuse.

D. Le repentir peut-il absoudre celui qui à l'article de la mort seulement reconnaît sa culpabilité?

R. S'il ne lui ouvre pas immédiatement la porte du salut, il le met sur la voie qui y conduit.

D. Faut-il rigoureusement expier toutes les fautes?

R. Oui, jusqu'aux plus légères : toute dette doit être payée (1).

D. Comment la justice divine s'exerce-t-elle sur l'homme qui a fait beaucoup de mal, et accompli en même temps de grands actes de vertu?

R. D'après ce principe que tout effet ressort d'une cause, il souffre pour les fautes qu'il a commises et reçoit la récompense de ses bonnes actions ; mais le bien n'efface pas le mal.

---

(1) La nécessité de l'expiation explique comment l'incarné devient parfois victime d'un malfaiteur, d'une épouvantable catastrophe. Il s'était résigné, avant de naître, à venir payer rigoureusement sa dette, pour rentrer après sans souillure dans l'espace et y trouver le bonheur.

Durée des peines futures.

D. Sur quoi est basée la durée des souffrances de l'Esprit coupable?

R. Sur le temps nécessaire à son amélioration; mais ce temps paraît infiniment plus long au désincarné.

D. L'expiation peut-elle être éternelle?

R. Sans doute, si l'Esprit demeurait lui-même éternellement mauvais; mais il éprouve tôt ou tard l'irrésistible besoin de s'améliorer.

D. Dieu ne saurait donc condamner à tout jamais le pécheur?

R. Nous avons déjà dit que Dieu ne punissait pas. Avec sa prescience serait-il digne de lui de créer, sachant très bien que sa créature doit succomber, sans qu'il lui soit donné de se relever (1)?

Résurrection de la chair.

D. Le dogme de la réincarnation enseigné par les Esprits est-il le même que celui de la résurrection de la chair?

R. Il ne saurait en être autrement, bien que ce mot : *Résurrection* ait été dénaturé.

D. Un corps réduit en poussière peut-il revenir à la vie?

R. Non, jamais : c'est matériellement impossi-

---

(1) « C'est le Seigneur qui ôte et qui donne la vie, qui con-
» duit aux enfers et qui en retire. » (Ier livre des Rois, II, 6.)

ble (1). Aussi la fausse interprétation du dogme de la résurrection mène-t-elle à l'incrédulité.

D. Le mot résurrection implique donc l'idée du retour de l'Esprit à la vie corporelle dans un corps nouvellement formé?

R. Absolument : telle est la véritable interprétation de ce mot, et c'est ainsi que les prophètes l'entendaient.

D. Que devient finalement le corps abandonné par l'Esprit qui rentre dans l'espace?

R. Les éléments qui le composent forment de nouveaux corps que doivent animer d'autres Esprits (2).

D. Ainsi l'Eglise, par le dogme de la résurrection de la chair, enseigne elle-même la doctrine de la réincarnation?

R. C'est évident ; et l'on ne tardera pas à reconnaître que le spiritisme, ressortant à chaque pas du texte même des écritures sacrées, sanctionne et affermit la religion chrétienne sur ses bases (3).

---

(1) Les Saints qui, selon saint Mathieu, ressuscitèrent et se manifestèrent dans Jérusalem, à la mort de Jésus, apparurent simplement d'après la loi qui régit les manifestations visuelles. Leur périsprit se matérialisa, mais leur corps charnel n'avait point quitté le sépulcre.

(2) « La chair et le sang ne peuvent posséder le royaume » de Dieu, et la corruption ne possédera point cet héritage » incorruptible. » (Ire aux Corinthiens, XV, 50.)

(3) Les apôtres étaient les spirites fervents de la primitive Eglise. Les dons variés qu'ils possédaient provenaient uni-

D. Lorsque dans les textes de l'Écriture Sainte on reconnaîtra les principes spirites, pourra-t-on mieux en comprendre le sens ?

R. Oui, seulement alors ; et ce sens clair et précis rendra les hommes plus sincèrement religieux.

Paradis, enfer et purgatoire.

D. Un lieu circonscrit dans l'univers est-il affecté aux peines et aux jouissances des Esprits ?

R. Non : chacun puise en lui-même le principe de son propre bonheur ou malheur.

D. Il est pourtant un lieu circonscrit pour les Esprits incarnés, puisqu'ils sont attachés à un globe ?

R. Oui, mais ceux-là sont plus heureux ou plus malheureux, selon que le monde qu'ils habitent est plus ou moins avancé, selon le milieu où ils vivent et la position qu'ils occupent.

D. Le paradis et l'enfer n'existent donc pas tels que les hommes se les représentent ?

R. Ce ne sont que des figures. Cette tendance à localiser et à circonscrire les choses vient de ce que l'homme ne peut comprendre l'essence infinie.

D. Que signifie alors le mot ciel ?

R. C'est l'espace universel, ce sont les planètes,

quement de la communication des Esprits, au moyen des facultés diverses que l'organisme met à la disposition des incarnés.

les étoiles formant les mondes supérieurs accessibles aux Esprits élevés.

D. Que doit-on entendre par le purgatoire ?

R. La privation de toute joie après la mort, l'espace où l'Esprit est poursuivi par le remords, ou bien la terre sur laquelle il s'incarne pour expier.

D. Comment expliquer que des Esprits soient venus dire qu'ils étaient en enfer, d'autres en purgatoire ?

R. C'est que les idées terrestres, dont ils sont imbus, leur font éprouver l'illusion douloureuse du châtiment qu'ils appréhendaient en quittant la terre.

D. Quel sens doit-on ajouter à la signification de ce mot : une âme en peine ?

R. Celui d'une âme errante et souffrante, incertaine de son avenir et cherchant vainement le repos.

QUATRIÈME PARTIE

Des médiums.

> Le Seigneur notre Dieu nous enseigne ce qui nous est utile, et nous gouverne dans la voie dans laquelle nous marchons.
>
> (Isaïe XLVIII, 17.)

CHAPITRE PREMIER

Communication générale des Esprits.

Observation des faits. — Genres et variétés de médiumnité. — Action de l'Esprit sur le médium. — Évocations.

Observation des faits.

D. *Indépendamment des révélations faites par les Esprits supérieurs, qu'est-ce qui prouve la réalité de ces divers états de l'âme après la mort ?*

R. L'observation des faits, résultant de la communication des Esprits qui, par l'organe des médiums, viennent rendre compte eux-mêmes de leur état de souffrance ou de bonheur. Ces faits, constatés par des milliers de spirites de toutes les parties du monde, par des hommes sérieux et intelligents, ne peuvent être mis sur le compte de l'imagination ou de la fantaisie.

Les Esprits inférieurs, aussi bien que les Esprits élevés, ont concouru à l'édification de la vérité ; ils ont aidé, malgré leur ignorance, à la diffusion de la lumière, en se manifestant sous des points de vue que nul n'aurait pu ni soupçonner ni inventer.

D. La communication des Esprits supérieurs n'eut-elle point suffi pour établir la vérité ?

R. Dieu veut que le spiritisme soit l'œuvre de tous ses enfants ; c'est pourquoi il permet qu'avec le secours d'innombrables médiums, des Esprits à tous les degrés de l'échelle se manifestent (1).

D. Qu'est-ce qu'un médium ?

R. C'est la personne qui peut servir d'intermédiaire entre les Esprits et les hommes (2).

D. Les communications données par les Esprits sont-elles complètement indépendantes de l'influence du médium, c'est-à-dire n'ont-elles pas quelque reflet de ses idées ?

R. Non, elles ne les réflètent pas ; mais elles portent un cachet de forme et de couleur qui lui est personnel, bien que la pensée qui caractérise ces communications lui soit absolument étrangère.

D. A quoi cela tient-il ?

R. A ce que l'Esprit mettant en usage les connaissances acquises par le médium, le cerveau de

---

(1) C'est surtout par les manifestations des Esprits inférieurs qu'on peut apprécier les situations diverses qui caractérisent la vie d'outre-tombe, et distinguer les étapes que la créature doit parcourir pour accomplir ses destinées.

(2) Il ne faut pas confondre le médium avec le spirite, car on peut être très bon spirite sans être médium, et réciproquement.

ce dernier laisse l'empreinte plus ou moins distinguée, plus ou moins vulgaire de celles qu'il possède (1).

D. Existe-t-il beaucoup de médiums?

R. Presque tout le monde peut ressentir la présence des Esprits, mais d'une manière différente et à des degrés plus ou moins sensibles.

D. A quel signe distingue-t-on un médium dans l'acception du mot?

R. A des aptitudes qui se manifestent et se développent principalement sous l'influence de l'évocation : aptitudes désignées sous des noms divers, mais qui n'ont qu'un même principe, une même cause. Ainsi les oracles, les sybilles ou pythonisses, les augures, les druides, les quakers ou trembleurs, les voyants ou prophètes, les apôtres, les saints ou les extatiques de toutes sectes, de tous cultes étaient des médiums (2).

D. Si tous ces noms correspondent à une faculté médianimique, la plupart des croyances religieuses auraient donc pour base la communication des Esprits?

Oui ; la plupart, si ce n'est la totalité. Ces rapports entre elles se manifestent sourtout dans le

---

(1) Ainsi nous voyons les objets sous leur véritable aspect, soit à travers un verre bleu, soit sous un reflet rose. Seule, la nuance change, mais les objets sont les mêmes et ne subissent point d'altération.

(2) Parmi les initiés aux mystères d'Eleusis, les époptes, médiums voyants, présidaient à ces mystères.

culte des dieux supérieurs de la fable, tels qu'Esculape, Diane, Cérès, Pallas, Cybèle, les muses, et celui des saints et des anges.

D. Pourquoi ces croyances, partant de la même source, ne sont-elles pas identiques ?

R. Nous avons déjà dit que les mœurs, les usages variant selon les peuples, la morale qui les gouverne doit être nécesssairement relative à leurs besoins. Dès lors les communications qu'ils reçoivent se modifient et modifient leurs croyances, quand celles-ci ne peuvent plus suffire à leurs aspirations.

D. Puisque les enseignements ne sont pas identiques, d'où vient que chacun des peuples qui en est l'objet prétend être dépositaire de la vérité ?

R. Tous en ont reçu quelques rayons; mais la lumière qui sans aucun voile éblouirait des yeux incapables d'en soutenir l'éclat, devient plus brillante pour une nation, à mesure que cette nation grandit et s'épure (1).

D. Bien que la médiumnité soit un don si répandu, tout le monde n'en éprouve pas les effets d'une manière assez évidente pour oser en affirmer la réalité ; comment donc doit procéder à cet égard l'homme qui prend la raison pour guide ?

R. Il doit juger de la nature de la cause par les effets qu'elle produit ; si donc les effets attestent

---

(1) « À chaque époque, Dieu élargit l'horizon des con-
» naissances en raison du développement intellectuel de l'hu-
» manité. » (Lacordaire.)

une intelligence, il faut conclure que cette intelligence ne peut être qu'un Esprit, c'est-à-dire un être invisible.

D. La raison suffit-elle pour convaincre celui qui ne peut voir, entendre ni toucher cet Esprit, qu'il est réellement l'auteur des manifestations ?

R. Oui, s'il est sincère ; car alors la raison lui dit de persévérer dans ses investigations, qui tôt ou tard le mettront à même de constater des faits en présence desquels tous ses doutes s'évanouiront.

D. Attendu que la médiumnité est progressive, doit-elle acquérir un jour un développement capable de faire cesser toute controverse ?

R. Le spiritisme, encore à son enfance, ne permet pas de faire pressentir ce que seront un jour les manifestations ; mais elles marcheront à pas de géant, lorsque les Esprits élevés, qui s'incarnent en ce moment, feront pénétrer la lumière dans tous les cœurs.

Genres et variétés de médiumnité.

D. Peut-on connaître les divers genres de médiumnité ?

R. La médiumnité, avec des impressions plus ou moins caractérisées, se manifeste par la vision, l'audition, l'écriture, l'intuition, l'inspiration, les effets physiques, la typtologie, l'écriture directe, la photographie et la médiumnité guérissante.

D. Quel est le caractère propre de la vision ?

R. C'est la faculté de voir, soit à l'état normal,

soit dans un dégagement de l'âme, le corps fluidique des Esprits.

D. Que se passe-t-il chez le médium auditif ?

R. Il entend la voix des Esprits et leur sert d'interprète auprès des incarnés.

D. De quelle manière se manifestent les Esprits chez le médium écrivain ?

R. Ils donnent à sa main un mouvement mécanique qui le fait écrire sans la participation de sa volonté; le mouvement est semi-mécanique, lorsque le médium reçoit l'intuition de ce qu'il écrit : c'est une variété du genre.

D. A quel signe reconnaît-on le médium intuitif ?

R. A l'action directe de l'Eprit sur son âme : il s'identifie avec elle pour lui transmettre ses idées.

D. Comment distinguer le médium inspiré du médium intuitif ?

R. Ils diffèrent peu l'un de l'autre, mais on peut reconnaître le médium inspiré à la spontanéité des pensées qui lui sont suggérées. Dans certains cas les idées abondent et le médium semble s'élever au-dessus de lui-même, sous la pression d'une intelligence supérieure.

D. Qu'est-ce que les médiums à effets physiques ?

R. Ces sortes de médiums, assez variés dans leurs aptitudes, fournissent des fluides au moyen desquels les Esprits peuvent faire mouvoir, transporter des objets, frapper des coups, imiter des bruits, lancer des projectiles, mettre en jeu des mécanismes, comme sonnettes, pendules, etc. Lorsque par les forces fluidiques les objets sont transportés d'un endroit à l'autre, on donne à ce phénomène le nom d'apport (1).

D. Comment procède l'Esprit pour transporter les corps à travers l'espace ?

R. Il isole et rend invisible l'objet qui fait le sujet de l'apport, en mêlant, combinant son fluide périsprital avec celui du médium. Cette fusion établit comme un courant électrique qui rend pour ainsi dire *une* la force résultante, indispensable à la production du phénomène.

D. Les corps inertes pouvant être transportés d'un endroit à l'autre, suspendus dans l'air, serait-il possible à des personnes de donner lieu à de pareilles manifestations ?

R. Pourquoi un homme ne serait-il pas apte à produire ce qu'on obtient sur les choses inanimées ? En ce cas le médium est cause et effet (2).

---

(1) Il est des médiums inconscients dont la présence suffit pour mettre en mouvement les objets qui les entourent. Les médiums facultatifs n'obtiennent ces effets qu'en les provoquant.

(2) La suspension éthéréenne des corps graves présente un exemple frappant dans Jésus (médium divin), marchant sur les eaux. Il était soutenu, porté par le fluide si puissant et si pur qui constituait sa nature exceptionnelle Les Actes des Apôtres racontent aussi que Philippe fut enlevé par l'Esprit du Seigneur sur le chemin de Gaza et transporté dans Azot. (Act. des ap., VIII, 39-40.) Saint Joseph de-Cupertino se soutenait dans les airs, dit l'histoire, par la seule force de sa volonté.

D. Ce genre de manifestation est-il facile à obtenir ?

R. Non ; bien qu'il semble devenir plus fréquent depuis quelque temps, il faut des médiums essentiellement sensitifs, dont le fluide animalisé ait au plus haut degré la faculté d'expansion, de pénétrabilité et de concentration.

D. L'influence des incrédules et des railleurs peut-elle opposer un obstacle à la bonne volonté de l'Esprit qui se prête à ces sortes d'expériences ?

R. Oui ; les éléments énergiquement réfractaires qu'ils apportent entravent l'émission fluidique, paralysent les efforts de l'Esprit et l'action du médium.

D. Que signifie ce mot : typtologie ?

R. C'est le langage des Esprits exprimé par des coups dont le nombre désigne, suivant ce qui est convenu, soit un oui, soit un non, en réponse à une question posée. C'est ainsi que, par l'emploi des lettres alphabétiques, on peut correspondre au moyen de coups frappés sur chaque lettre nécessaire à la composition d'un mot, d'une phrase, ainsi de suite.

D. Que doit-on entendre par écriture directe ?

R. C'est l'écriture des Esprits sans le secours de la main du médium. Le désincarné se borne à puiser dans ce dernier le fluide voulu pour l'obtention du phénomène, et l'écriture se forme sur le papier déposé à l'écart dans ce but.

D. De quelle manière se produit la médiumnité photographique ?

R. Le médium photographe a la faculté d'obtenir de l'Esprit, sur une carte photographique, l'empreinte des traits sous lesquels on l'a connu, lorsqu'il était incarné (1).

D. En quoi consiste la médiumnité guérissante ?

R. Elle permet au médium qui la possède de déverser, en imposant les mains et sous l'influence des purs Esprits, un fluide salutaire sur un être souffrant. Ce fluide guérit parfois des infirmités, des maladies rebelles, et soulage toujours celui qui le reçoit avec confiance ; mais il est des cas où le malade doit continuer son épreuve (2).

D. Le fluide qu'il reçoit vient-il des Esprits ou émane-t-il du médium ?

R. C'est une combinaison du fluide spirituel avec le fluide magnétique du médium, lequel sert de conducteur au premier.

D. Jésus, dont la simple parole chassait les démons,

---

(1) Dans cette manifestation, la ressemblance rend impossible toute supercherie. C'est, avec l'écriture directe, une de celles où l'action des Esprits s'affirme sans conteste et de la manière la plus évidente.

(2) L'émission du fluide guérisseur est manifeste dans ce passage de l'Evangile : « Aussitôt Jésus, connaissant en soi-
» même la *vertu qui était sortie de lui*, se tourna vers la
» foule disant : « Qui a touché mon habit ? » (Ev. de saint Marc, V, 30.)

guérissait tous les maux, toutes les infirmités, opérait-il par sa propre vertu ?

Outre la nature essentiellement supérieure de ses fluides, il recevait directement les effluves divines. Avec celles-ci, avec son énergique volonté, sa pureté parfaite, toutes choses lui étaient soumises ; aussi disait-il à ses disciples : « *Toute puissance m'est donné dans le ciel et sur la terre* (1). »

D. Peut-on considérer les personnes douées de la puissance magnétique comme formant une variété de médiums?

R. Assurément, celui qui magnétise en vue de guérir est toujours secondé par de bons Esprits. Toutefois il doit éviter ce qui pourrait altérer la pureté de ses fluides.

D. Celui qui croirait à l'intervention des Esprits agirait-il plus efficacement ?

R. Infiniment plus et sa puissance en serait notablement accrue.

D. Le pouvoir magnétique ou celui de guérir peut-il se transmettre ?

R. Le pouvoir non ; mais bien la connaissance des choses nécessaires pour l'exercer.

---

(1) Son pouvoir magnétique changea l'eau en vin aux noces de Cana. Les molécules dont elle se compose, obéissant à sa volonté, se modifièrent, comme se modifient certaines substances sous l'influence d'une action chimique ; mais ce fait n'a rien de miraculeux, pas plus que les autres qui caractérisent la vie du Sauveur.

Christ était le lien entre le ciel et la terre, c'est-à-dire

D. Que faut-il penser lorsque des personnes prétendent l'avoir reçu comme don héréditaire ?

R. L'organisme peut y être pour beaucoup ; mais la conviction profonde qui fait dire à ces personnes que ce pouvoir leur a été transmis, peut augmenter leur foi et ajouter ainsi à leur faculté médianimique.

D. Peut-on obtenir des gérisons par la seule prière ?

R. Quelquefois ; pourtant si le malade dans son intérêt doit souffrir encore, la prière n'a qu'un effet moral.

D. Est-il des formules plus efficaces les unes que les autres.

R. Non : la superstition seule peut attacher une vertu à certaines paroles, et des Esprits ignorants ou menteurs peuvent seuls entretenir de pareilles idées.

D. Si les formules sont sans utilité, d'où vient que bien des gens y attachent tant d'importance ?

R Elles n'ont de valeur que pour les gens peu éclairés, parce qu'elles augmentent leur confiance.

D. N'existe-t-il pas d'autres genres de médiumnité ?

R. Il serait difficile de les déterminer, car il est des médiums avec des aptitudes spéciales et variées

---

un médium d'un ordre excessivement élevé, inspiré par Dieu. (Voir l'Év. de saint Jean, notamment chap. I, v. 48 et les passages suivants : « Je ne suis pas seul ; mais le père
» qui m'a envoyé est *avec moi.* » VIII, 16. « Ce que je vous
» dis, je ne le dis pas de moi-même, mais mon père, qui
» demeure *en moi, est celui* qui fait les œuvres *que je fais.* »
XIV; v. 10.)

à l'infini. Ainsi chez quelques uns se révèlent, sans études préalables, certaines connaissances, telles que les langues, la musique, la peinture, le calcul, etc. Il est un autre genre de médiumnité qui se produit au moyen d'un verre d'eau, au fond duquel on voit se former des images, se dessiner des scènes plus ou moins variées.

D. La même personne peut-elle être douée de plusieurs genres de médiumnité ?

R. Oui, car il est rare qu'un bon médium voyant ne soit pas médium écrivain, comme il peut être aussi médium guérisseur. Un médium écrivain peut à son tour être médium auditif, inspiré, médium typteur, etc.

D. Existe-t-il quelque différence entre le médium voyant et le somnambule ?

R. Cette différence existe et elle est assez évidente pour les distinguer. Bien que le somnambule et le voyant proprement dit aient entre eux une certaine analogie, il ne faut pas les confondre. Le somnambule agit sous l'influence de son propre esprit et puise en lui-même ses connaissances. Le médium, au contraire, est l'instrument, l'interprète d'une intelligence étrangère.

D. L'Esprit qui se communique à un médium peut-il se communiquer à un somnambule ?

R. Parfaitement ; et souvent même l'état d'émancipation de l'âme rend la communication plus facile.

D. Si le somnambule naturel agit par lui-même, en

est-il de même de celui qui est soumis à l'action magnétique?

R. Nul doute; percevant les choses en dehors des sens, il jouit de la plénitude de ses facultés : ses connaissances sont plus étendues que dans son état normal; néanmoins il est sous l'influence du magnétiseur, Esprit incarné, qui, pour obtenir certains effets, est souvent secondé, même à son insu, par des êtres incorporels (1).

Action de l'Esprit sur le médium.

D. De quelle manière procède l'Esprit pour communiquer avec le médium?

R. Il épanche sur lui son fluide périsprital, l'enveloppe, l'en pénètre et s'identifie avec lui, en lui donnant pour ainsi dire une vie factice (2).

D. Tous les Esprits qui se communiquent agissent-ils en connaissance de cause?

R. Nullement; les ignorants font quelquefois écrire, parler le médium sans en avoir conscience, car la plupart ne se croient pas désincarnés. On

---

(1) Le somnambule ne conserve aucun souvenir, parce que son esprit est entièrement dégagé ; mais un assez bon nombre de médiums retient, parfois bien vague, le souvenir des communications qu'il reçoit. Toutefois le médium bien outillé se souvient rarement.

(2) Cette force étrangère ne s'empare que de la main et du bras chez le médium écrivain. Elle produit quelquefois au bras, avant l'évocation, une douleur que l'on prend pour une douleur matérielle.

peut les comparer aux enfants qui, commençant à marcher, impriment à leurs jambes un mouvement machinal.

D. *De quelle manière l'Esprit manifeste-t-il sa présence?*

R. En donnant au médium un certain frémissement sous l'action du fluide qu'il lui transmet. C'est ce qu'on nomme le frisson médianimique (1).

D. *La présence de l'Esprit se fait-elle sentir de la même manière chez tous les médiums ?*

R. Non ; ses effets varient selon les aptitudes. Chez le voyant, généralement plus impressionnable, le regard, la physionomie changent d'expression à mesure que divers Esprits se servent de ses organes.

D. *Quels moyens employer pour empêcher que cette impressionabilité du voyant soit trop active et par suite nuisible ?*

R. D'abord le recueillement et le silence, puis éviter de rompre le courant fluidique qui, dans la

---

(1) Ce frémissement, doux et léger sous l'influence d'un bon Esprit, devient parfois de l'agitation quand l'Esprit est inférieur. Ceux qui ignorent la cause de ce fait l'attribuent à l'émotion ou à la frayeur. L'arrivée de l'Esprit chez les quakers, manifestée par ce frémissement, les fait quelquefois désigner sous le nom de trembleurs.

Quand Jésus se rendait au tombeau de Lazare, il frémit deux fois sous l'action du fluide divin. Pressentant ainsi que Dieu allait faire éclater sa puissance, il lui rendit grâce avant même que Lazare fut ressuscité.

vision, met l'Esprit en rapport avec son interprète (1).

D. Le médium garde-t-il toujours sa faculté ?

R. La faculté ne se perd jamais; néanmoins l'usage peut lui en être retiré comme punition ou comme épreuve. Cette punition ou épreuve peut n'être que temporaire ou infligée à tout jamais.

D. Les Esprits en ce cas abandonnent-ils le médium ?

R. Ils ne l'abandonnent pas, mais les bons ne répondent pas à son appel.

D. Si, malgré leur silence, le médium s'obstine à vouloir communiquer avec eux, peut-il en résulter des inconvénients ?

R. Oui : cette insistance pourrait donner accès aux Esprits trompeurs.

Evocations.

D. Que faut-il faire pour se mettre en rapport avec un Esprit ?

R. Il faut l'évoquer, c'est-à-dire demander à Dieu, par une fervente prière, de permettre que l'Esprit réponde à l'appel qui lui est fait.

D. Comment procède-t-on ensuite ?

R. On attend avec recueillement que l'Esprit se

---

(1) Cette rupture produit chez certains médiums une secousse désagréable; cependant les bonnes influences neutralisent cet effet.

manifeste, et on ne l'interroge que dans un but utile. Le silence doit être rigoureusement observé.

D. Peut-on acquérir la faculté médianimique?

R. Si on l'acquiert, c'est qu'on l'avait en germe ; aussi, quand l'organisme est flexible, peu de chose suffit à son développement qui s'opère parfois à l'insu du médium.

D. Par quel moyen peut-on acquérir cette faculté?

R. Par un exercice assidu et régulier. L'évocation réitérée aide toujours à rendre cette faculté plus sensible, plus étendue, plus complète.

D. Comment se fait-il qu'un tel phénomène s'obtienne par l'action des fluides?

R. L'Esprit, par sa subtilité, par sa nature abstraite, impuissant à agir directement sur la matière, unit son périsprit au fluide périsprital, fluide animalisé du médium, lequel lui donne la force d'impulsion sur les organes.

D. Par la force de cet agent, il s'établirait donc entre les vivants et les morts, entre le monde visible et le monde invisible, une correspondance semblable à celle qui a lieu par l'électricité?

R. Il en est ainsi, avec cette différence que d'une part, c'est le fluide spirituel mêlé au fluide magnétique qui opère, et de l'autre, une variété du fluide matériel appelé fluide électrique.

D. N'est-ce pas une impiété, n'est-ce pas troubler le repos des morts, manquer au respect qui leur est dû, que de les évoquer pour les consulter?

R. Oui, s'il s'agissait de choses frivoles ; mais, par

cela même que les Esprits supérieurs ont mission de nous guider dans les choses divines, ils doivent être heureux que nous les appelions pour en recevoir de bons et salutaires conseils (1).

D. Mais n'est-ce pas enfreindre la loi de Dieu que d'évoquer les morts ?

R. Si Dieu le défendait, pourquoi permettrait-il que les Esprits se manifestent sans qu'on les appelle ? Pourquoi placerait-il une barrière entre le monde matériel et le monde immatériel, alors qu'il veut qu'un sentiment de fraternité unisse tous ses enfants ? Non, Dieu ne saurait se contredire.

D. Cependant la loi de Moïse défendait les évocations?

R. Elle défendait avant tout la divination, laquelle avait pour moyen l'évocation des morts. Ces pratiques étaient dangereuses pour un peuple superstitieux, ignorant, indompté, et l'entraînaient à l'idolâtrie. Aujourd'hui même, celui qui, sans avoir étudié la doctrine spirite ou sans un bon médium pour guide, s'aventurerait dans les évocations serait imprudent. Mais grâce au flambeau qu'a mis en nos mains notre vénéré Maître, nous n'avons pas à craindre le même danger que le peuple juif (2).

(1) Ce sentiment de charité n'est-il pas une preuve que, loin de repousser notre appel comme sacrilège, ils accueillent notre confiance avec amour?

(2) Si des Esprits orgueilleux (*Dieux des nations*) (*) demandaient à ceux qui allaient trouver les magiciens, con-

(*) Psaume XCV, 5.

D. Peut-on évoquer les mauvais Esprits?

R. Oui, et même on le doit pour les détourner du mal qu'ils font aux incarnés. On arrache ainsi de l'abîme dés frères égarés, et en même temps on rend la liberté aux malheureux qu'ils ont enchaînés et qu'ils torturent.

D. Puisque l'évocation est un mode de régénération, les Esprits inférieurs étaient-ils condamnés à demeurer éternellement mauvais avant que le spiritisme leur ouvrît cette porte de salut?

R. Non, mais l'heure de la régénération a sonné, et Dieu veut que nous nous aidions les uns les autres; néanmoins les voies qui mènent à lui sont infinies (1).

D. Ne pourrait-on pas évoquer l'Esprit d'un incarné?

R. On peut l'évoquer dans son sommeil ou bien lorsque ses sens sont engourdis.

---

sulter les devins, qu'on leur offrît des sacrifices, des Esprits d'un ordre élevé répondaient au nom de Dieu, quand les rois d'Israël consultaient les prophètes. Moïse lui-même s'entretenait avec l'ange, sur la montagne de Sina; un ange n'est-il pas un Esprit? Or, comme Moïse, comme tous les prophètes, les spirites ne communiquent-ils pas avec des Esprits supérieurs et ne condamnent-ils pas aussi la divination?

(1) « *Quand j'aurai été élevé de la terre, j'attirerai tout* » *à moi.* » (Saint Jean, XII, 32).

« *Dieu veut que tous les hommes soient sauvés et qu'ils* » *parviennent à la connaissance de la vérité.* » (A Timothée, Ire ép., ch. II, v. 4.)

D. Est-il des personnes dont l'Esprit à l'état de veille soit assez dégagé pour être évoqué?

R. Oui, ce fait peut avoir lieu, surtout chez ceux dont les organes sont faibles et comme abandonnés, ou parfois même livrés à un Esprit étranger.

D. L'évocation peut-elle nuire à la santé?

R. Non, si elle est faite avec prudence ou pour mieux dire, si elle est dirigée par des Esprits supérieurs, qui, souvent même, profitent de leur communication avec le médium pour lui donner des forces nouvelles.

D. Que doit-on faire pour se mettre sous la dépendance et la protection d'Esprits supérieurs?

R. Les consulter sur la marche à suivre et apprendre d'eux si le médium peut compter sur son Esprit familier.

D. Chacun a-t-il un Esprit familier?

R. Oui ; et celui-ci, quand il appartient à la catégorie des bons Esprits, veille sur le médium dans l'exercice de sa faculté.

D. Y aurait-il imprudence à développer la médiumnité sans être assisté?

R. Non, si l'on se conforme aux instructions données ci-dessus ; oui, si l'évocation est faite à la légère ; mais il est toujours plus sage de faire les évocations dans un milieu éclairé par l'expérience.

D. Dans quelles conditions doit se mettre le médium pour se faire l'interprète des bons Esprits?

R. Dans des conditions de désintéressement matériel et moral. Matériel, en suivant rigoureusement ce précepte de l'Evangile : « Donnez gratuitement ce que vous avez reçu gratuitement ; » moral, en considérant la mission que Dieu lui a confiée comme un véritable sacerdoce (1).

D. Les Esprits sont-ils obligés de se rendre à l'appel qu'on leur fait ?

R. Ils ne sont aux ordres de personne ; ils se rendent lorsque Dieu le permet et lorsqu'il leur plaît.

D. Quand les bons Esprits viennent-ils le plus volontiers parmi nous ?

R. Quand nous les désirons ardemment et en vue du bien.

D. A quel signe peut-on reconnaître si celui qui se communique est bon ?

R. A son langage, simple, élevé, concis et empreint des sentiments de la pure morale.

D. Pouvons-nous être certains que ceux que nous avons chéris sur la terre répondent avec plaisir à notre évocation ?

R. Pourquoi en douter ? La mort serait vraiment cruelle, si elle détruisait avec le corps les sentiments qui tendent toujours à rapprocher les âmes sympathiques.

D. Peut-on contraindre les mauvais Esprits à répondre ?

R. Non : ils ont leur libre arbitre ; mais lorsqu'on

(1) Dans ces conditions le médium devient le vrai prophète, le révélateur dont le mauvais vouloir des hommes ne saurait détruire l'autorité.

les évoque dans l'unique but de les améliorer, ils viennent souvent à contre cœur, et parfois même refusent de répondre aux questions qu'on leur adresse.

D. Mais Jésus n'a-t-il pas donné à ses disciples autorité sur les mauvais Esprits? Ne leur a-t-il pas dit qu'ils leur étaient assujettis ? (1).

R. Les disciples exerçaient, par leur force morale, un puissant empire sur les êtres impurs de l'erraticité ; mais tout spirite sait fort bien que cette puissance sera toujours donnée à quiconque aura une foi ardente, et s'appliquera à mettre en pratique les préceptes de l'Evangile.

D. Malgré l'assistance de l'esprit familier, ne doit-t-on pas avoir quelque répugnance à évoquer les mauvais Esprits?

R. Tous les médiums ne sont pas aptes à leur servir d'instrument. Il faut pour cela avoir une faculté complètement développée et affermie sous l'influence des bons Esprits.

D. Pourquoi le médium doit-il être au préalable formé par les bons Esprits?

R. Afin d'annuler l'action des fluides impurs ; il ne saurait y avoir fusion entre des fluides de différentes natures.

(1) « Alors Jésus ayant appelé ses douze disciples leur
» donna sa puissance sur les Esprits impurs pour les chasser. »
(Saint Mathieu, X, 1).

(2) Après l'évocation, l'influence d'un Esprit impur ne laisse aucune trace sur le médium assisté des bons Esprits, car ses fluides sont immédiatement repoussés.

D. Le recueillement est-il aussi rigoureusement nécessaire pour l'évocation des mauvais Esprits que pour celle des bons ?

R. Certainement ; lorsqu'il fait défaut dans un groupe, ces derniers se retirent et laissent le groupe à la merci des mauvais.

D. Les Esprits peuvent-ils être questionnés sur ce qui touche aux intérêts matériels ?

R. Leur mission n'est pas de renseigner les hommes à cet égard ; ils s'abstiennent généralement de parler de la vie temporelle, sachant bien que ses nombreuses tribulations doivent être un moyen de nous faire avancer vers Dieu.

D. Mais qu'advient-il, si, par un sentiment de curiosité, on pose des question oiseuses ?

R. Les Esprits légers, peu soucieux de la vérité, s'empressent de répondre et s'égaient aux dépens de qui les écoute.

CHAPITRE II

De l'Obsession.

Obsession simple. — Fascination. — Subjugation

D. Que doit-on entendre par obsession au point de vue médianimique ?

R. La domination qu'exercent les Esprits inférieurs sur certains médiums.

D. Y a-t-il plusieurs genres d'obsession ?

R. Oui : l'obsession simple, la fascination et la subjugation.

D. Qu'est-ce que l'obsession simple ?

R. Celle qui a lieu lorsqu'un Esprit s'impose au médium, bien que celui-ci reconnaisse son importunité, sa fourberie et ses mauvais desseins.

D. De quelle manière un Esprit s'impose-t-il à un médium ?

R. En s'opposant ouvertement à ce que tout autre Esprit communique avec lui et en se substituant à celui que l'on évoque.

D. Qu'est-ce que la fascination ?

R. C'est l'art qu'a l'Esprit d'inspirer une confiance aveugle au médium.

D. Qu'advient-il quand le médium se laisse fasciner?

R. Le mauvais Esprit prend chaque jour empire sur lui et finit par le dominer complètement.

D. Qu'est-ce que la subjugation?

R. C'est une étreinte paralysant la volonté de celui qui la subit. La subjugation est plus fréquente chez ceux qui ne connaissent point la doctrine spirite.

D. Ne peut-on être obsédé que par de mauvais Esprits?

R. Il est des Esprits obsesseurs qui ne sont pas précisément mauvais et dont l'intention n'est pas de faire le mal; ils ont uniquement pour but de faire accepter, ou du moins faire prévaloir leurs idées, leurs opinions souvent bizarres (1).

D. Mais en présence de tels écueils ne doit-on pas appréhender d'être médium, et ne vaut-il pas mieux éviter tout rapport avec les Esprits?

R. Si les Esprits n'exerçaient leur influence que par des communications écrites ou verbales, on n'aurait qu'à s'abstenir de les appeler; mais le danger est infiniment plus grand pour quiconque a la faculté sans le savoir, et sans croire même qu'elle existe.

D. Il est donc bien avéré que la personne qui non seulement ne pratique pas, mais encore ne connaît pas le spiritisme, pourrait être atteinte ou dominée par un mauvais Esprit?

R. Le chapitre des possédés en donne l'assurance

---

(1) Il en est qu'une jalouse affection rend tyranniques à leur insu.

basée sur l'observation ; et tout spirite de quelque sagacité peut être à même chaque jour de constater des faits de ce genre (1).

D. L'obsession est-elle vraiment plus dangereuse, lorsqu'on ignore l'action des invisibles sur les incarnés?

R. Il n'en saurait être différemment. Comment se méfier d'un ennemi qu'on ne soupçonne pas ?

D. Mais bien que le spirite connaisse ses ruses, n'a-t-il pas à craindre dans l'exercice de la médiumnité, l'immixtion des Esprits hypocrites ou menteurs?

R. Cela peut arriver à titre d'épreuve dès le début; mais on finit par obtenir la protection des bons Esprits, si l'on a le soin de se mettre dans les conditions qui nous les rendent favorables. Jésus n'a-t-il pas dit : « Si vous, qui êtes mauvais, savez
» donner de bonnes choses à vos enfants, à combien
» plus forte raison votre Père qui est dans le ciel
» donnera-t-il un bon Esprit à ceux qui le lui deman-
» dent. » (S. Luc, XI, 13.)

D. Lorsqu'un Esprit obsesseur s'empare du médium, comment doit agir celui-ci pour s'affranchir de son importunité?

R. Il doit le faire évoquer par un autre médium pour l'engager à suivre une meilleure voie.

---

(1) Les chrétiens, paraissant oublier que Jésus et les Apôtres délivraient les hommes des Esprits impurs, tombent avec indifférence sous le joug d'ennemis non moins redoutables qu'à une époque où l'on reconnaissait leur action sur les incarnés.

D. L'Esprit est-il docile aux conseils qu'on lui donne?

Il se montre d'abord rebelle ; mais avec la patience, la foi et la prière on le rapproche des bons Esprits, qui aident puissamment à modifier sa nature.

CHAPITRE III

Identité des Esprits.

D. A quels signes peut-on reconnaître l'identité d'un Esprit ?

R. A sa manière d'être dans les communications intimes, à ses habitudes, s'il n'a pas eu le temps de s'en dépouiller, aux idées qu'il a conservées depuis sa dernière incarnation.

D. S'il est aisé de constater l'identité d'un Esprit dont on a pu apprécier la nature, il n'en saurait être ainsi à l'égard de ceux que nous avons connus seulement de nom. Qu'est-ce qui peut donc nous assurer que celui qui se manifeste est vraiment l'Esprit évoqué ?

R. Si l'on fait appel à un Esprit élevé qui s'exprime comme il convient à son caractère, pourquoi douterait-on de son identité ? mais si son langage est puéril, trivial, absurde, il est certain que ce ne peut être qu'un Esprit d'une condition inférieure.

D. Le nom auquel fut attachée une célébrité, une gloire, peut-il ajouter quelque importance à l'enseignement de l'Esprit qui porta ce nom ? Qu'est-ce qui peut même nous garantir que c'est bien lui qui répond à notre évocation ?

R. Peu importe le nom, pourvu que l'enseignement donné par l'Esprit soit élevé. Ce n'est pas toujours la personne qui nous intéresse, mais la supériorité morale de ses communications.

D. Peut-on demander à un Esprit des preuves de son identité ?

R. Sans doute, mais cette méfiance le blesse.

D. Il est pourtant bien des gens qui désireux de se convaincre n'attendent pour cela qu'une preuve d'identité puisée par l'Esprit dans un détail, une particularité de la vie intime ?

R. Les preuves d'identité ressortent d'une foule de circonstances imprévues qui ne se présentent pas toujours du premier coup. Il convient donc de les attendre sans les provoquer.

D. Quand l'Esprit fait naître quelque suspicion, ne pourrait-on pas au nom de Dieu l'adjurer d'affirmer le sien ?

R. Quelquefois ce moyen réussit ; les hypocrites éludent la question par quelques restrictions mentales, mais il en est qui, sans aucun scrupule, jurent tout ce qu'on veut.

D. On juge les Esprits, avons-nous dit, comme on juge les hommes : à leur langage. Est-ce sur l'élégance et la correction du style que nous devons baser notre jugement ?

R. Non ; nous devons scruter, peser leurs paroles, les mûrir froidement et en sonder le sens intime.

D. Si l'Esprit qui est censé se manifester nous parle dans un sens différent de ceux qui vous instruisent, que faut-il croire ?

R. Le langage des Esprits élevés est toujours

identique, sinon par la forme, du moins par le fond : les pensées sont les mêmes, quels que soient le temps et le lieu ; mais elles sont plus ou moins développées selon le besoin et les circonstances, selon même les facultés du médium.

D. On croit assez généralement qu'en interrogeant l'Esprit d'un homme qui fut remarquable par sa science, on obtiendra plus sûrement la vérité ; cela est-il exact ?

R. S'il est réellement supérieur comme Esprit, il dira d'excellentes choses ; mais il peut arriver aussi que, sous l'influence des idées qu'il a caressées de son vivant, il voie moins clair que nous ne pensons. La science humaine n'est pas toujours une preuve de l'infaillibilité de l'Esprit.

D. Les connaissances acquises ici-bas ne seraient donc pas un signe certain d'élévation dans l'autre vie ?

R. Loin de là ; car un Esprit qui fut savant, s'il est sous l'influence de la matière, peut avoir son intelligence obscurcie par nos vices et nos préjugés.

D. D'après cela, on n'est pas plus avancé d'interroger un savant qu'un ignorant ?

R. La vertu seule peut, en purifiant l'Esprit, le rapprocher de Dieu et étendre ses connaissances ; mais il faut qu'il les acquière par son travail (1).

D. Quelle est la véritable pierre de touche pour sa-

---

(1) La pureté de cœur, dégageant son intelligence de la matière, lui rend le travail plus facile, et lui en fait entrevoir et désirer les fruits.

voir si un *Esprit* est digne de l'opinion qu'on a conservée de lui ?

R. Son langage et sa manière d'être ne sauraient nous tromper.

D. *Malgré la facilité avec laquelle les Esprits mauvais se mêlent aux communications, peut-on être positivement certain que la vérité se fasse jour et arrive jusqu'à nous ?*

R. Oui, puisque tout ce qui nous est dit tombe sous l'appréciation de notre jugement.

D. *Mais les Esprits trompeurs ne peuvent-ils, en se déguisant, affecter un langage empreint d'une certaine élévation ?*

R. Ils peuvent séduire d'abord, mais le masque leur pèse, et il suffit d'un œil intelligent pour voir à travers.

D. *Si un Esprit se présente sous un nom vénéré, un nom de saint, par exemple, doit-on le croire sur parole et accepter ce qu'il dit sans méfiance ?*

R. Malgré le nom dont il se pare, tout Esprit doit être sérieusement étudié. Si l'on voit poindre dans ses paroles un sentiment personnel; s'il fait des prédictions à jour fixe, à époque déterminée; s'il dit des choses choquant le bon sens ou la raison, on peut le tenir pour suspect; s'il conseille des formules ou pratiques frisant la superstition; s'il nous pousse à des actes admis par le préjugé, la routine et consacrés par le temps, n'importe dans quelle croyance, sachons reconnaître son peu d'élévation; s'il entretient l'erreur dans les âmes crédules; s'il condamne les évocations, on peut être sûr de son infériorité, imbu qu'il est des idées dans lesquelles il a vécu sur la terre.

D. *Doit-on croire que les Esprits ennemis du spiritisme soient arriérés ?*

R. C'est une affirmation qu'il est permis de soutenir, parce que celui qui pratique la doctrine a été maintes fois à même de constater l'ignorance de ces Esprits.

D. *Comment peuvent-ils blâmer la communication des vivants avec les morts, attendu qu'ils usent eux-mêmes des moyens que les médiums mettent à leur disposition ?*

R. Les uns croient faire une œuvre pie en combattant la doctrine ; les autres, ne se rendant pas toujours un compte très exact de ce qui se passe, viennent parfois sans qu'on les appelle, et trouvent mauvais qu'on évoque les morts.

D. *Quand certains Esprits dont on a connu le peu de valeur sur la terre se disent heureux, doit-on croire à leur identité ?*

R. Ils peuvent avoir fait un prompt retour sur eux-mêmes ; d'ailleurs nous ne devons pas oublier que Dieu juge uniquement les intentions ; et tel que nous avons mal apprécié, peut avoir eu des mérites qui échappaient à notre jugement (1).

D. *Il en est cependant qui prétendent posséder le*

---

(1) Notre jugement sur autrui n'est basé la plupart du temps que sur les préjugés. Aussi combien d'Esprits avancés que nous croyons bien imparfaits, et combien d'Esprits inférieurs que nous mettons au rang des saints !

Pagination incorrecte — date incorrecte

NF Z 43-120-12

bonheur, après avoir vécu ici-bas dans l'ignorance et la matérialité, sans faire le moindre effort pour en sortir ?

R. Le bonheur est relatif, et un Esprit, ne cherchant pas à s'élever, peut se trouver heureux. Il jouit à sa façon, parce que les joies de l'âme lui sont inconnues, mais l'épreuve viendra plus tard. D'autres souffrent et par orgueil nient leur souffrance, alors que souvent l'agitation du médium la trahit à nos yeux.

CONCLUSION

> Là-haut, comme ici-bas, nos souvenirs seront une part importante de nos biens et de nos maux.
>
> JOUBERT.

I

Vos fils et vos filles prophétiseront.

D. Qu'est-ce qui prouve que la médiumnité, si répandue de nos jours, soit un don divin?

R. Les écritures où elle s'affirme sous toutes les formes. Les Actes des Apôtres nous reproduisent même la prophétie de Joël qui annonce, d'une manière non équivoque pour les derniers temps, la vulgarisation de la médiumnité, laquelle se révèle déjà chez les individus de tout âge, de tout sexe et de toute condition (1).

II

Fin du monde, jugement dernier.

D. Qu'entendait le prophète par ces mots : vers les derniers temps?

R. Il fesait allusion à l'époque actuelle, dernier

---

(1) Le Seigneur a dit : « Dans les derniers temps je répan-
» drai de mon Esprit sur toute chair : vos fils et vos filles pro-
» phétiseront, vos jeunes gens auront des visions et vos vieil-
» lards auront des songes. Et dans ce jour-là, je répandrai de

temps d'un autre âge, où des transformations morales doivent opérer une rénovation complète (1).

D. Quelle sera cette rénovation ?

R. L'élévation de notre globe dans la hiérarchie des mondes et le progrès moral de ses habitants.

D. Qu'adviendra-t-il de ceux qui, demeurant attachés à leurs tristes errements, ne voudront point participer à ce progrès ?

R. Ils seront exilés dans des mondes inférieurs où, remplissant des missions pénibles pour faire avancer des frères encore plus arriérés, ils travailleront en même temps à leur propre amélioration. C'est de ce bannissement dont Jésus voulait parler, lorsqu'il disait que les méchants seraient précipités dans les ténèbres extérieures.

D. Le jugement dernier peut-il être ainsi expliqué ?

R. Parfaitement, et toute autre interprétation des paroles du Messie serait fausse.

D. Si les Esprits ne rétrogradent pas, pourquoi ces derniers seront-ils relégués dans des mondes inférieurs ?

R. Parce qu'ils seraient déplacés parmi les hommes de bien dont ils troubleraient la félicité ; mais cet état d'exil ne saurait annuler leur progrès accompli.

» mon Esprit sur mes serviteurs et sur mes servantes, et ils
» prophétiseront. » (Joël, ch. II, v. 28-29. Act. des ap.,
chap. II, v. 17-18).

(1) « Le vieux monde se dissout, les vieilles doctrines
» s'éteignent. » Lamennais.

III

Régénération du globe.

D. La terre donc semble devoir se régénérer par l'incarnation d'Esprits supérieurs à ceux qui la peuplent aujourd'hui?

R. Oui : nous sommes au commencement de grandes émigrations et immigrations d'Esprits : les uns apportant la bonté, les autres emportant la malice (1).

D. Quelles circonstances particulières peuvent donner lieu de croire à ce progrès moral que nous attendons et qui semble encore si éloigné de nous?

R. Le progrès physique du globe et de ses habitants : progrès avec lequel doit nécessairement se mettre en harmonie le bien-être moral.

D. Que faut-il faire pour établir cette harmonie?

R. Aimer avant tout ses semblables, réformer les vieilles institutions qui ont encore de l'actualité et qui, convenables en d'autres temps, ne peuvent permettre à l'enseignement qu'un développement incomplet pour notre époque.

D. Comment ces institutions convenables en d'autres temps ne le sont-elles plus aujourd'hui?

R. Parce qu'elles ne répondent pas aux besoins

---

(1) C'est à ce temps-là que Jésus a fait allusion dans l'Oraison dominicale, en disant : « Que votre règne arrive. »

nouveaux, parce que la science a marché, que certaines erreurs sur lesquelles s'appuient ces institutions sont à la veille de disparaître, car elles perdent chaque jour de leur autorité sur les esprits (1).

IV

Génération nouvelle (2).

D. Par quel moyen les hommes nouveaux, ou pour mieux dire régénérés, parviendront-ils à implanter des idées nouvelles dans la génération qui s'élève?

R. Par la liberté de conscience passée alors à l'état d'axiome.

D. Quel sera le fruit de cette liberté?

R. D'amener inévitablement et progressivement l'unité de croyance (3) basée sur la foi en Dieu,

---

(1) Les hommes qui n'auraient pu comprendre le Christ en ce temps d'ignorance où il vivait, devaient attendre que le progrès des sciences apportât de nouvelles lumières; il fallait que ces Esprits, jeunes encore, après s'être développés dans des incarnations successives, fussent aptes à s'assimiler des idées saines, justes, rationnelles, ayant pour base les lois de la nature sagement observées, laborieusement étudiées et surtout bien comprises.

(2) « La religion de l'avenir projette ses premières lueurs » sur le genre humain en attente. » (Lamennais.)

(3) « Il n'y aura qu'un troupeau et qu'un pasteur. » (Év. selon saint Jean, X, 16.)

l'âme, les peines et récompenses futures, le progrès indéfini, la conviction d'un rapport incessant entre tous les êtres, la fraternité universelle, en un mot tout ce qui constitue la doctrine spirite.

FIN

TABLE DES MATIÈRES

Préface.

PREMIÈRE PARTIE

Rapports de l'homme avec Dieu, lois physiques.

Chapitre Iᵉʳ — Dieu.	1
Dieu et ses attributs, moyen de le connaître.	1
Devoirs de l'homme envers Dieu.	3
Révélation.	3
Prophètes.	5
Doctrine spirite.	6
But des manifestations.	8
Unité de la doctrine.	12
La foi.	15
Chapitre II. — Lois physiques.	17
Esprit et matière.	17
Espace universel.	18
Formation des mondes.	18
Formation des êtres vivants.	19
Pluralité des mondes.	20
Etres organiques et inorganiques.	21
Principe vital.	21
La vie et la mort.	22
Intelligence et instinct.	22

DEUXIÈME PARTIE

Monde spirite ou des Esprits.

CHAPITRE Ier — Des Esprits.	25
Nature des Esprits, leur origine, leur chute.	25
Monde normal primitif.	26
Ubiquité des Esprits.	26
Périsprit.	27
Créations fluidiques.	32
Différents ordres d'Esprits.	33
Progression des Esprits.	34
Anges et démons.	36
Anges et saints.	37
CHAPITRE II. — Incarnation des Esprits et leur retour à la vie spirituelle.	39
But de l'incarnation.	39
L'âme après la mort, son individualité, vie éternelle.	40
Séparation de l'âme et du corps.	42
Trouble spirite.	42
Influence de la matière.	43
CHAPITRE III. — Pluralité des existences.	46
Réincarnation, péché originel.	46
Incarnation dans les différents mondes.	49
Mondes inférieurs et mondes supérieurs.	51
Transmigrations progressives.	52
Sort des enfants après la mort.	54
Sexe chez les Esprits.	55
Parenté, filiation.	56
Similitudes physiques et morales.	57
Idées innées.	58
CHAPITRE IV. — Vie spirite.	60
Esprits errants.	60

Mondes transitoires.................... 62
Perceptions, sensations et souffrances des Esprits........................ 63
Choix des épreuves.................... 65
Révélations d'outre-tombe............. 67
Rapports sympathiques et antipathiques des Esprits........................ 69
Souvenir de l'existence corporelle. 70

CHAPITRE V. — Retour à la vie corporelle.... 73
Prélude du retour................... 73
Union de l'âme et du corps............ 75
Facultés morales et intellectuelles....... 76
Influence de l'organisme.............. 77
Idiotisme, folie..................... 78
De l'enfance....................... 79
Sympathies et antipathies terrestres...... 81
Oubli du passé..................... 82

CHAPITRE VI. — Emancipation de l'âme...... 83
Le sommeil et les rêves.............. 83
Visites spirites entre personnes vivantes.... 86
Apparition de l'Esprit des vivants, hommes doubles........................ 87
Transfiguration.................... 88
Transmission occulte de la pensée....... 89
Léthargie, catalepsie, morts apparentes.... 89
Somnambulisme.................... 93
Extase........................... 97
Seconde vue...................... 98

CHAPITRE VII. — Intervention des Esprits dans le monde corporel................. 101
Pénétration de notre pensée par les Esprits.. 101
Influence occulte des Esprits sur nos pensées et sur nos actions.................. 102
Possédés......................... 103
Convulsionnaires................... 106

Anges gardiens ou Esprits protecteurs. . . . 109
Esprits sympathiques et familiers, patrons. . . 111
Pressentiments. 112
Influence des Esprits sur les évènements de
la vie. 113
Action des Esprits sur les phénomènes de la
nature. 115
Les Esprits pendant les combats. 116
Des pactes. 117
Pouvoir occulte. Talismans, Sorciers. 118
Du miracle. 119

CHAPITRE VIII. — Occupations et missions des
Esprits. 122

CHAPITRE IX. — Les trois règnes. 126
Les minéraux et les plantes. 126
Les animaux et l'homme. 127
Métempsycose. 130

TROISIEME PARTIE

Lois divines ou morales.

CHAPITRE Ier — Morale spirite. 133
Charité et amour du prochain. 133

CHAPITRE II. — Loi d'adoration. 135
But de l'adoration, adoration extérieure. . . . 135
De la prière. 136
Polythéisme. 138
Sacrifices. 139

CHAPITRE III. — Loi de conservation et de destruction. 140
Privations volontaires, mortifications. 140
Destructions nécessaires. 140
Fléaux destructeurs. 142

CHAPITRE IV. — Loi du progrès. 143
  Marche du progrès. 143
  Peuples dégénérés. 143
  Influence du spiritisme sur le progrès. 144

CHAPITRE V. — Loi d'égalité et de liberté. . . . 146
  Egalité des droits de l'homme et de la femme. 146
  Liberté de conscience. 147
  Fatalité. 148

CHAPITRE VI. — Peines et consolations. 150
  Peines temporelles. 150
  Perte des personnes aimées. 151
  Unions antipathiques. 152
  Appréhensions de la mort. 153
  Suicide. 153

CHAPITRE VII. — Vie future. 155
  Pressentiment d'une autre vie. 155
  Nature des peines et des jouissances futures. 155
  Expiation et repentir. 158
  Durée des peines futures. 160
  Résurrection de la chair. 160
  Paradis, enfer et purgatoire. 162

QUATRIEME PARTIE

Des médiums

CHAPITRE Ier — Communication générale des Esprits. 165
  Observation des faits. 165
  Genres et variétés de médiumnité. 169
  Action de l'Esprit sur le médium. 177
  Evocations. 179

CHAPITRE II. — De l'obsession. 182

CHAPITRE III. — Identité des Esprits. 191
CHAPITRE IV. — Manifestations visuelles. . . . 197

CONCLUSION

I. — Vos fils et vos filles prophétiseront. . . . 205
II. — Fin du monde, jugement dernier. 205
III. — Régénération du globe. 207
IV. — Génération nouvelle. 208

FIN DE LA TABLE.

Toulouse. — Imprimerie Durand, Fillous et Lagarde.

www.ingramcontent.com/pod-product-compliance
Lightning Source LLC
Chambersburg PA
CBHW051917160426
43198CB00012B/1927